SEASON 3
능력
향상

쉽게 배우고 생활에 바로 쓰는

파워포인트 활용

(주)지아이에듀테크 저

iCox
Education by Sympathy

쉽게 배우고 생활에 바로 쓰는
파워포인트 활용

초판 1쇄 인쇄   2020년 2월 1일
초판 1쇄 발행   2020년 2월 10일

지은이   ㈜지아이에듀테크
펴낸이   한준희
펴낸곳   ㈜아이콕스

기획/편집   아이콕스 기획팀
디자인   이지선
영업지원   김진아
영업   김남권, 조용훈

Education by Sympathy

주소   경기도 부천시 중동로 443번길 12, 1층(삼정동)
홈페이지   http://www.icoxpublish.com
이메일   icoxpub@naver.com
전화   032-674-5685
팩스   032-676-5685
등록   2015년 7월 9일 제 2017-000067호
ISBN   979-11-6426-110-9

30년째 컴퓨터를 교육면서도 늘 고민합니다. "더 간단하고 쉽게 교육할 수는 없을까? 더 빠르게 마음대로 사용하게 할 수는 없을까?" 스마트폰에 대한 지식이 없는 4살 먹은 어린아이가 스마트폰을 가지고 놀면서 스스로 사용법을 익히는 것을 보고 어른들은 감탄합니다.

그렇습니다. 컴퓨터는 학문적으로 접근하면 배우기 힘들기 때문에 아이들처럼 직접 사용해 보면서 경험적으로 습득하는 것이 가장 빠른 배움의 방식입니다. 본 도서는 저의 다년간 현장 교육의 경험을 살려 책만 보고 무작정 따라하다 발생할 수 있는 실수와 오류를 바로잡았습니다. 컴퓨터를 활용하는 데 꼭 필요한 핵심 내용을 중심으로 집필했기 때문에 예제를 반복해서 학습하다 보면 어느새 원리를 이해하고, 활용할 수 있는 단계에 오르게 될 것입니다. 쉽게 배우고 생활에 바로 쓸 수 있게 집필된 본 도서로 여러분들의 능력이 향상되기를 바랍니다. 물론 본 도서는 여러분의 컴퓨터 능력을 향상시킬 수 있는 수많은 방법 중 한 가지라는 말씀도 드리고 싶습니다.

교육 현장에서 늘 하는 말이 있습니다.
"컴퓨터는 종이다. 종이는 기록하기 위함이다."
"단순하게, 무식하게, 지겹도록, 단.무.지.반! 하십시오."
처음부터 완벽하지는 않겠지만 차근차근 익히다 보면 어느새 만족할 만한 수준의 사용자로 우뚝 서게 될 것입니다.

끝으로 이 책이 나올 수 있도록 도움을 주신 지아이에듀테크, ㈜아이콕스의 임직원 여러분들께 감사의 마음을 전합니다.

㈜지아이에듀테크

★ 각 CHAPTER 마다 동영상으로 더 쉽게 학습할 수 있도록 QR코드를 담았습니다. QR코드로 학습 동영상을 시청하는 방법은 다음과 같습니다.

1. Play스토어 네이버 앱을 ❶설치한 후 ❷열기를 누릅니다.

2. 네이버 앱이 실행되면 하단의 ❸동그라미 버튼을 누른 후 ❹렌즈 메뉴를 선택합니다.

3. 본 도서에는 **Chapter**별로 상단 제목 오른쪽에 ❺**QR코드**가 있습니다. 스마트폰의 화면에 QR코드를 사각형 영역에 맞춰 보이도록 하면 QR코드가 인식되고, 상단에 동영상 강의 링크 주소가 나타납니다. ❻**동영상 강의 링크 주소**를 눌러 스마트폰으로 학습할 수 있습니다.

※ 유튜브(www.youtube.com)에 접속하거나, **유튜브** 앱을 사용하고 있다면 **지아이에듀테크**를 검색하여 동영상 강의를 들을 수 있습니다. **재생목록** 탭을 누르면 과목별로 강의를 찾아볼 수 있습니다.

★ 본 책의 예제를 실습해 보기 위한 준비 작업입니다. 다음의 방법으로 파일을 옮겨 놓은 후 학습을 시작하세요.

1. 인터넷 사이트의 검색 창에 '**아이콕스**'를 입력하고 '**검색**'을 클릭합니다.

2. 하단에 나오는 **도서출판 아이콕스**의 홈페이지 주소를 클릭합니다.

3. 아이콕스 홈페이지가 열리면 상단의 **'자료실'**에 마우스를 올려 놓고, 아래에 표시되는 하위 메뉴에서 **'도서부록소스'**를 클릭합니다.

4. 목록에서 **학습하고자 하는 책의 제목을 클릭**합니다. 상단에 있는 검색란에서 도서명을 검색해도 됩니다.

5. 실습 파일이 첨부되어 있는 것을 확인할 수 있습니다.

6. 첨부된 실습 파일의 **파일명을 클릭**하면 하단에 **저장하기 바**가 나타납니다.

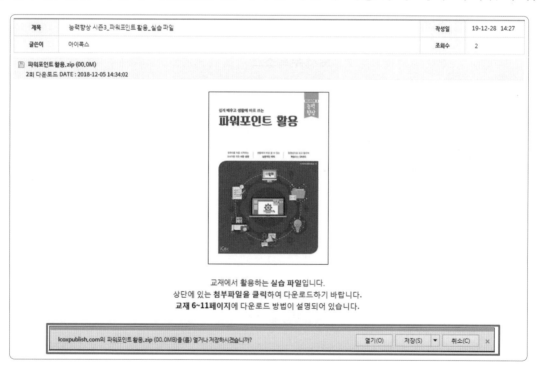

7. 저장(S) 버튼의 우측에 있는 **삼각형 부분**을 클릭하고, '**다른 이름으로 저장(A)**' 을 클릭합니다.

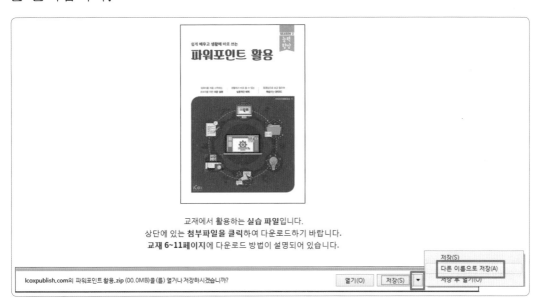

8. 다른 이름으로 저장 창이 표시되면 좌측의 '**로컬 디스크(C:)**'를 클릭한 후, 하단 에 있는 '**저장**' 단추를 클릭하면 실습 파일이 저장됩니다.

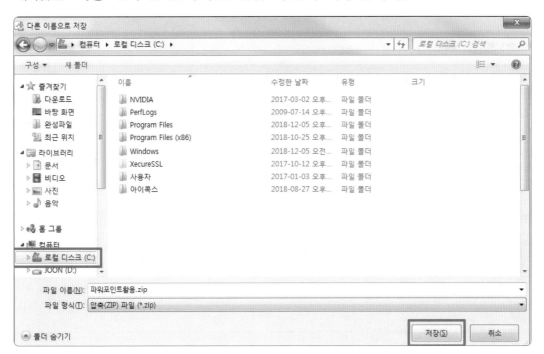

9. 다운로드가 완료되었다는 메시지가 나타나면 '**폴더 열기**' 단추를 클릭합니다.

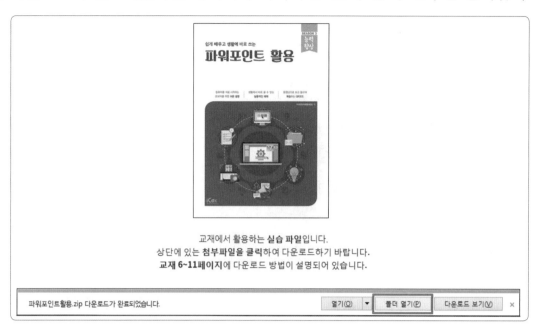

10. 실습 파일을 저장한 경로의 폴더, 즉 '**로컬 디스크(C:)**'가 자동으로 열리고 다운로드한 파일을 확인할 수 있습니다.

11. 실습 파일의 압축을 해제하기 위해, 다운로드한 파일을 **마우스 오른쪽 단추**로 클릭한 다음 '**파워포인트활용₩에 풀기**'를 선택합니다. 컴퓨터에 설치된 압축 프로그램의 종류에 따라 다른 형태의 메뉴가 표시되기도 합니다.

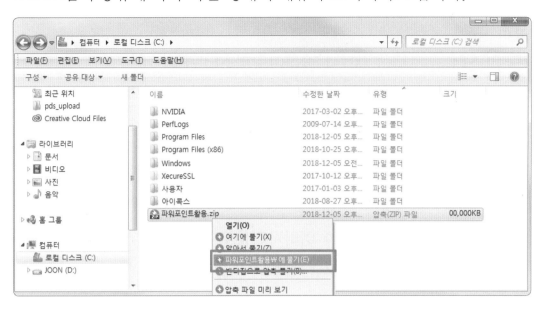

12. 압축 해제가 완료되면 실습 파일명과 동일한 이름의 폴더가 생성됩니다.

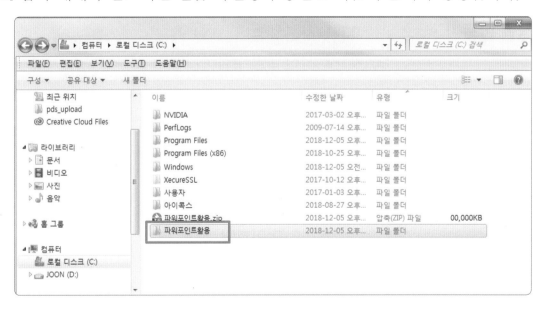

폴더 안에 예제에서 사용할 실습 파일들이 담겨져 있으므로, 본 책의 내용에 따라 필요할 때 사용할 수 있습니다.

CHAPTER 01-1   슬라이드 마스터 편집   ▶ ▶ ▶

🖱 슬라이드 배경스타일 그라데이션 주기

01 파워포인트를 실행한 후 **보기** 메뉴를 클릭한 후 **슬라이드 마스터**를 클릭합니다.

02 Office 테마 슬라이드 마스터를 클릭한 후 **배경 스타일**을 클릭해서 **스타일5**를 클릭합니다.

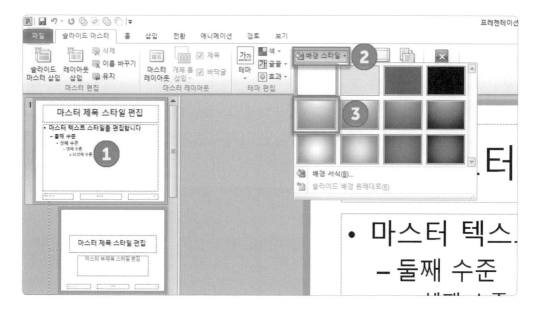

03 슬라이드 마스터의 레이아웃 12개가 모두 스타일5로 적용된 것을 확인할 수 있습니다. **마스터 보기 닫기**를 클릭합니다.

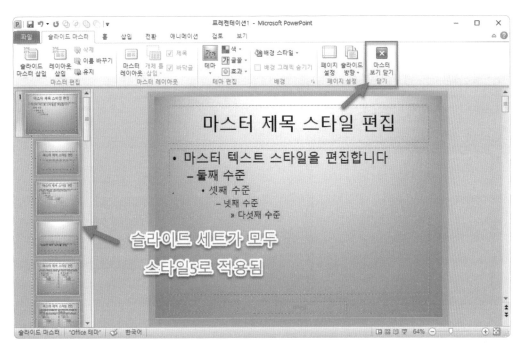

04 1번 슬라이드에서 Enter 를 누르면 2번 슬라이드의 배경스타일에 스타일5가 적용된 **제목 및 내용** 슬라이드가 추가됩니다.

슬라이드 마스터 배경 스타일 그림 넣기

01 보기 – 슬라이드 마스터를 다시 차례대로 클릭합니다.

02 Office 테마 슬라이드 마스터를 클릭한 후 **배경 스타일 – 배경 서식**을 클릭합니다.

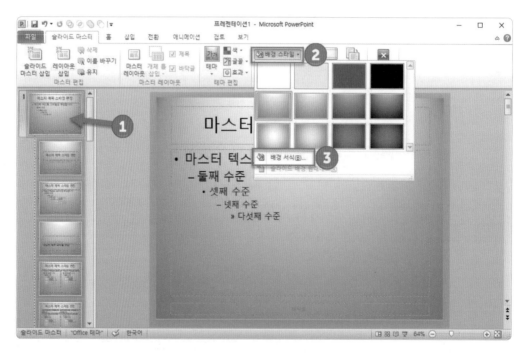

03 **그림 또는 질감 채우기**를 클릭한 후 **파일**을 클릭한 후 다운로드한 예제폴더(파워포인트활용)에서 '푸른하늘.JPG'를 열어준 후 투명도를 80%로 설정합니다. 예제 다운로드 방법은 6쪽을 참고합니다.

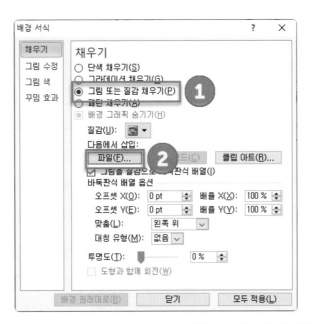

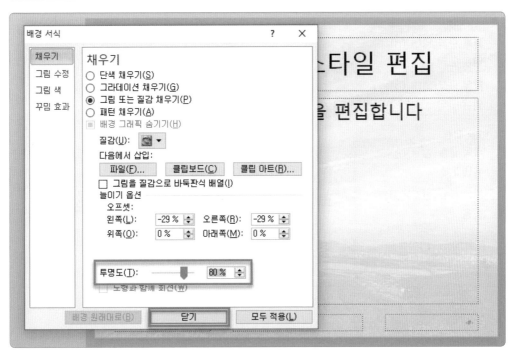

🖱 테마 글꼴 만들기

01 테마 편집 그룹에서 **글꼴**을 클릭해서 마지막에 있는 **새 테마 글꼴 만들기**를 클릭합니다.

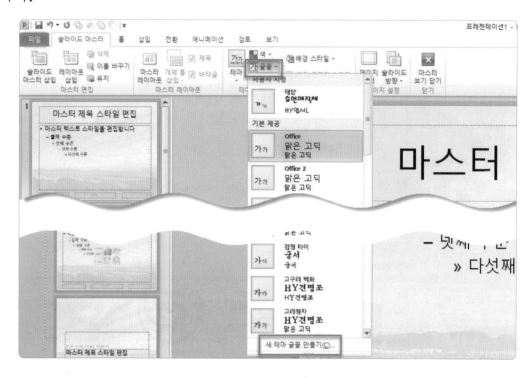

02 영어 글꼴/한글 글꼴로 구분되어 있으며, 제목 글꼴/본문 글꼴로 또 세분되어 있습니다. 아래처럼 제목글꼴은 **휴먼옛체**로 본문글꼴은 **돋움**으로 정하고 하단의 이름칸에 **나의글꼴**로 설정합니다.

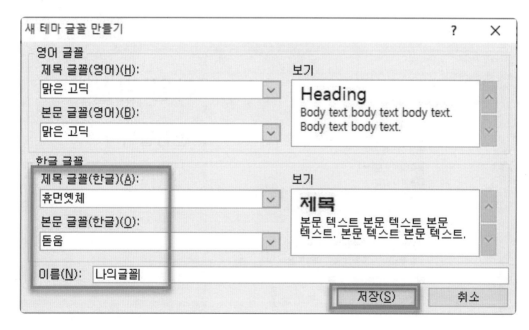

03 ❶제목 틀을 선택한 후 ❷서식 메뉴를 클릭해서 ❸도형 스타일의 자세히 버튼을 클릭합니다.

04 밝은색1, 윤곽선 - 색채우기는 주황, 강조6을 선택합니다.

05 왼쪽의 슬라이드 레이아웃을 보면 제목이 모두 위에서 정해준 대로 적용된 것을 확인합니다.

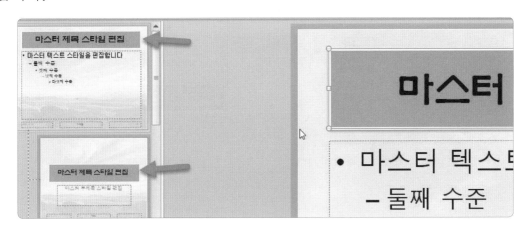

🖱 글머리 기호 변경하기

01 슬라이드 마스터에서 개요에 마우스 오른쪽 단추를 클릭해서 **글머리 기호**에 마우스를 올려놓은 후 나타나는 **글머리 기호 및 번호 매기기**를 클릭합니다.

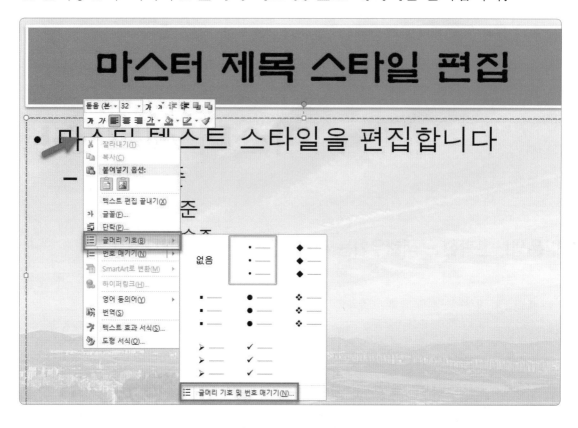

02 대화상자에서 **그림** 버튼을 클릭한 후 **가져오기** 버튼을 클릭합니다.

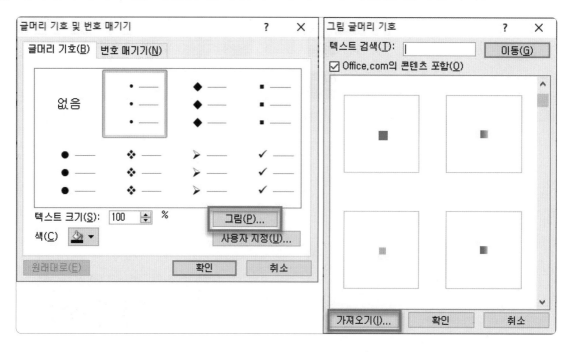

03 다운로드한 예제폴더(파워포인트활용)에서 **사냥.JPG**를 선택한 후 **열기**를 클릭합니다.

04 그림 글머리 기호 대화상자로 되돌아오면 **확인** 버튼을 클릭합니다.

05 둘째 수준에는 아래와 같은 그림으로 글머리 기호를 변경해 봅니다.

삼족오.jpg

01 제목 슬라이드 레이아웃을 선택한 후 [마스터 레이아웃 그룹]에서 **바닥글**의 선택을 해제하면 바닥글에 화살표로 표시한 **날짜**와 **바닥글**, **슬라이드 번호**가 보이지 않게 됩니다.

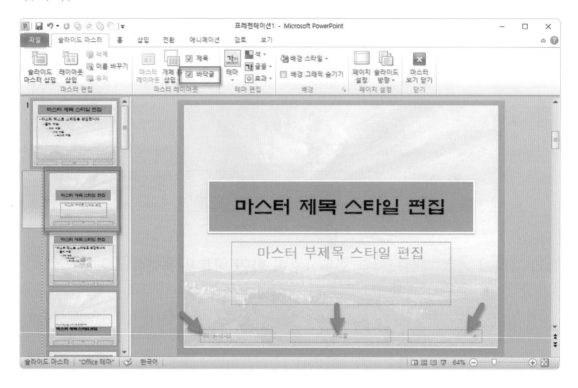

02 **레이아웃 삽입**을 클릭해서 사용자가 직접 레이아웃을 추가하도록 합니다. 제목 레이아웃 아래에 새로운 레이아웃이 삽입됩니다.

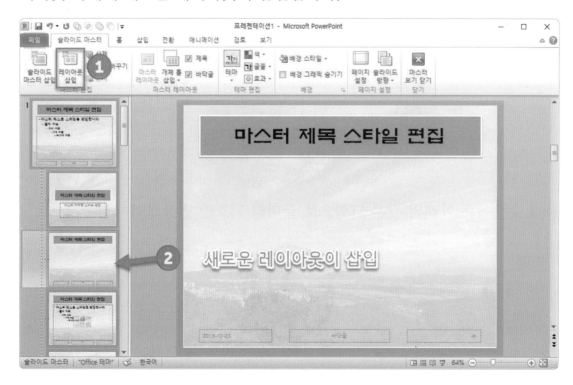

03 개체 틀 삽입을 클릭해서 **그림**을 클릭합니다. 지금 만든 레이아웃은 무조건 그림만 삽입할 수 있도록 개체 틀을 작업합니다.

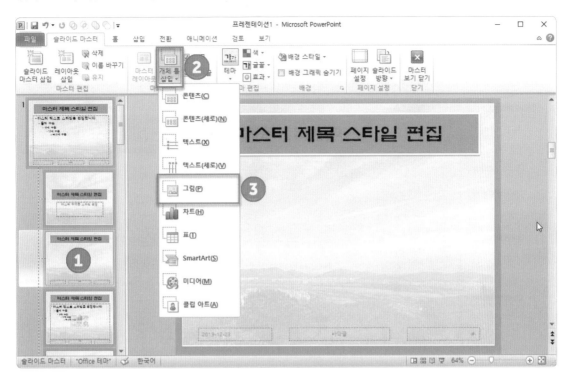

04 그림이 들어갈 크기를 드래그&드롭으로 정합니다. 그림을 여러 개를 넣어야 한다면 적게 여러 번의 동일한 작업을 합니다.

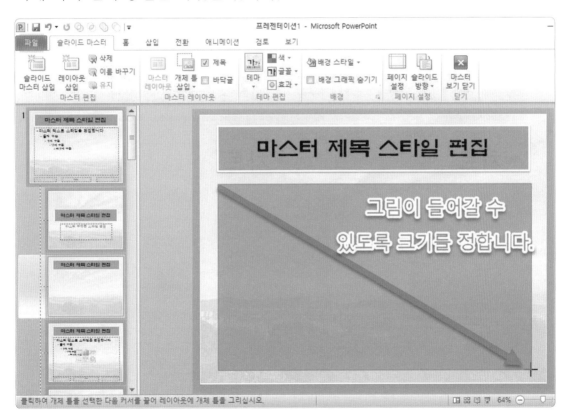

05 개체 틀을 삽입했는데 실제 슬라이드에서 작업을 할 때는 가운데 액자를 누르면 그림을 삽입하는 대화상자가 나옵니다.

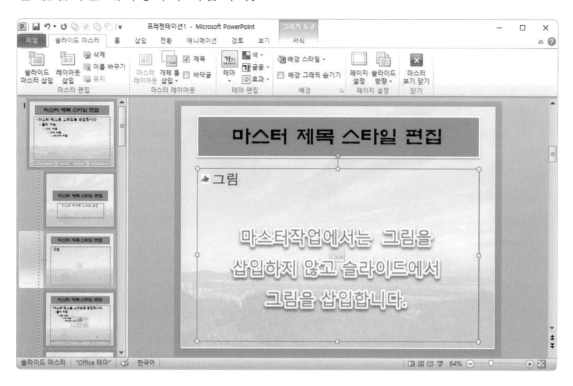

🖱 혼자 해 보기

슬라이드 삽입을 한 후 차트를 2개 삽입하도록 레이아웃을 만들어 봅니다.

사용자가 제작한 슬라이드 마스터의 작업을 템플릿으로 저장해 두면 [디자인] 메뉴에서 템플릿을 이용하여 다른 프리젠테이션에 활용할 수 있게 됩니다.

01 파일 – 다른 이름으로 저장을 차례대로 클릭합니다.

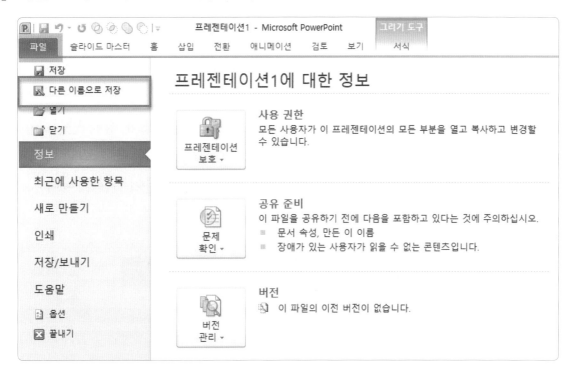

02 저장위치는 **바탕화면**으로, 파일이름은 **테마만들기 연습**을 입력하고, 파일 형식을 PowerPoint 서식 파일(*.potx)를 선택한 후 **저장**을 클릭합니다.

03 슬라이드 마스터를 끝내기 위해서 **마스터 보기 닫기**를 클릭합니다.

04 Ctrl + N 을 눌러서 새 문서를 만들어준 후 새로운 슬라이드에 방금 만든 '**테마만들기 연습**' 템플릿을 적용하려면 **디자인 – 테마 – 자세히** 버튼을 클릭한 후 [테마 찾아보기]를 클릭해서 **바탕화면**에서 저장된 파일을 찾아서 열어주면 됩니다.

05 슬라이드 마스터를 기본 슬라이드로 되돌리려면 **디자인 – 테마**에서 **Office 테마**를 선택합니다.

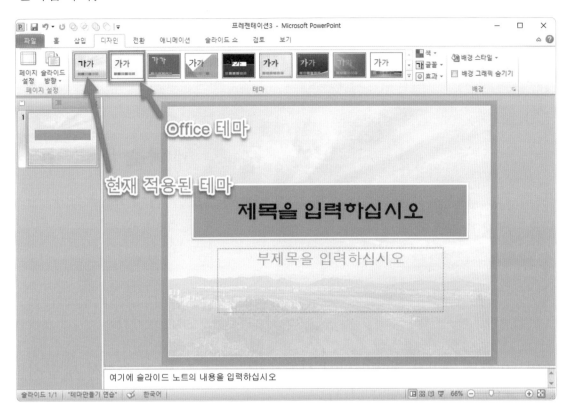

06 테마로 등록을 하기 위해선 테마의 자세히 버튼을 클릭해서 **현재 테마 저장**을 클릭 합니다.

07 디자인 – 테마에서 **기본 테마로 설정**을 클릭해 등록하면 파워포인트를 실행할 때마다 자동으로 적용되므로 빠르게 작업할 수 있습니다.

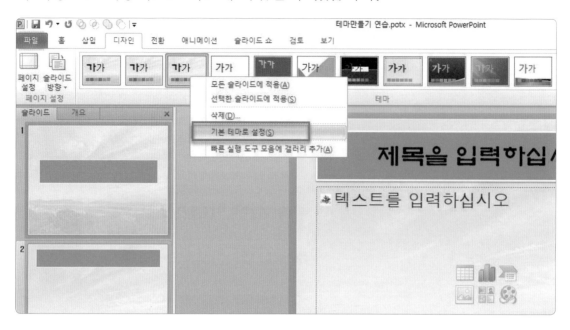

08 파워포인트를 닫기를 했다가 다시 실행하거나 Ctrl + N 을 눌러서 새 문서를 실행하면 적용한 테마로 실행이 됩니다.

09 원래 파워포인트의 처음 테마로 되돌리기 위해 Office 테마에 마우스를 오른쪽 눌러서 기본 테마로 정해줍니다.

🖱 구글에서 가져오기

01 반드시 **크롬브라우저**를 실행한 후 "**구글**" 사이트로 이동한 후 상단에 있는 **이미지**
를 클릭합니다.

02 검색상자에 "**지리산**"이라고 입력한 후 Enter 를 누릅니다.

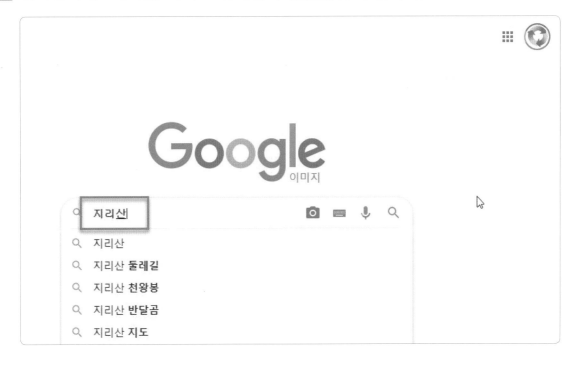

03 검색상자 아래에 **도구**를 클릭합니다. 상세하게 검색하려면 설정을 눌러서 다양한 검색을 할 수 있지만 여기서는 간단하게 도구를 이용하여 시간과 크기만을 이용해 검색할 것입니다.

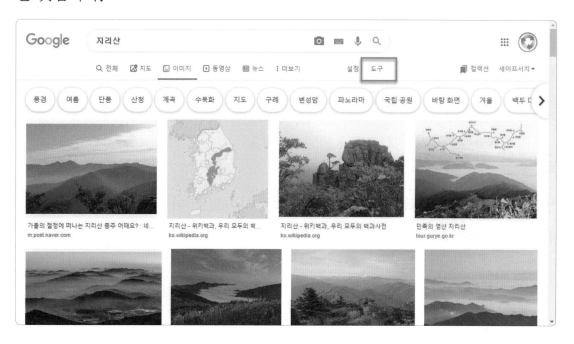

04 **시간** 드롭다운을 클릭한 후 **지난 1개월**을 클릭합니다. 이미지가 아래와 동일하게 나올 수가 없으므로 스스로 좋은 이미지를 찾아 따라하면 됩니다.

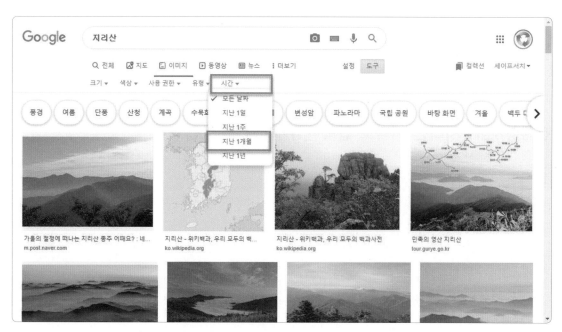

05 검색도구에서 **크기** 드롭다운을 클릭해서 **큰 사이즈**를 선택합니다. 여기서 큰 사이즈라는 것은 사진의 가로 또는 세로의 크기가 1024px 이상인 사진을 의미합니다.

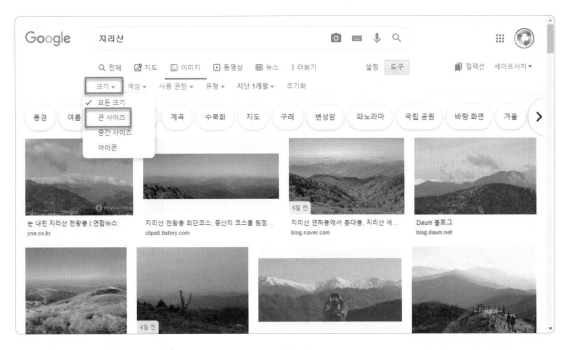

06 파워포인트에서 앨범용으로 사용하길 원하는 그림을 찾아서 클릭합니다. 가급적 사람이 없는 이미지를 선택하고 가로가 더 긴 사진을 선택하는 것이 슬라이드 작업할 때 좋습니다.

07 오른쪽으로 선택한 이미지가 크게 보이면 그림에 마우스 오른쪽 단추를 클릭해서 **이미지를 다른 이름으로 저장**을 선택합니다.

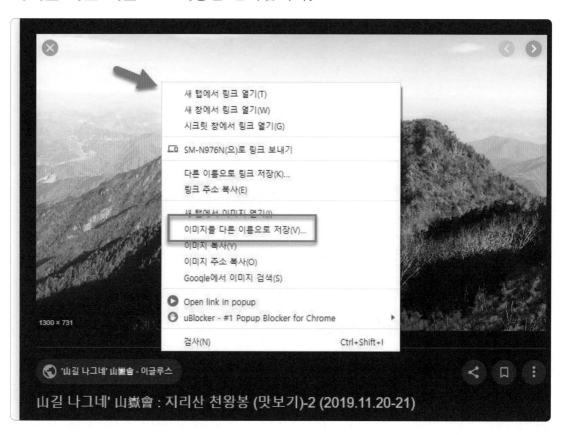

08 저장할 장소는 ❶**사진**을 선택한 후 사진 폴더가 열리면 ❷**새 폴더**를 클릭합니다.

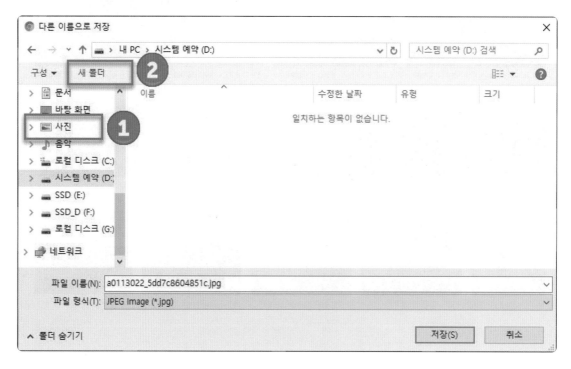

09 폴더 이름을 **지리산**으로 입력한 후 Enter 를 눌러서 폴더 이름을 적용한 후 한번 더 Enter 를 눌러서 폴더를 열어줍니다.

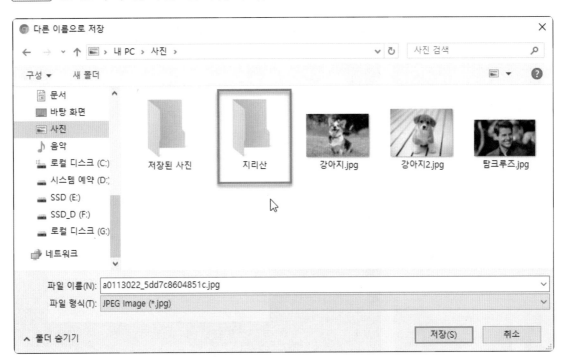

10 파일 이름을 입력해야 하는데 규칙을 정해서 입력하는 것이 좋습니다. 사진의 개수가 100개가 넘으면 **지리산_001**로 하고 100장이 넘지 않으면 **지리산_01**로 하는 것이 작업할 때 편합니다.

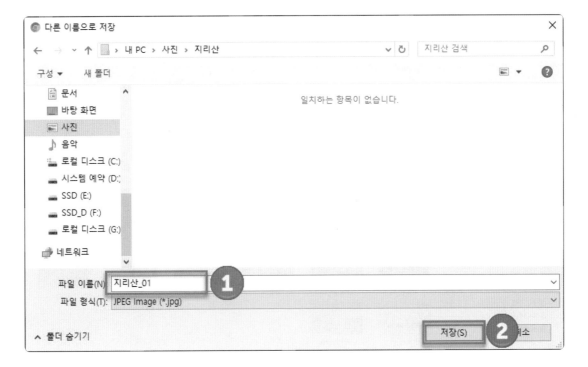

11 동일한 방법으로 크롬브라우저에서 다른 사진을 클릭한 후 **이미지를 다른 이름으로 저장**을 합니다.

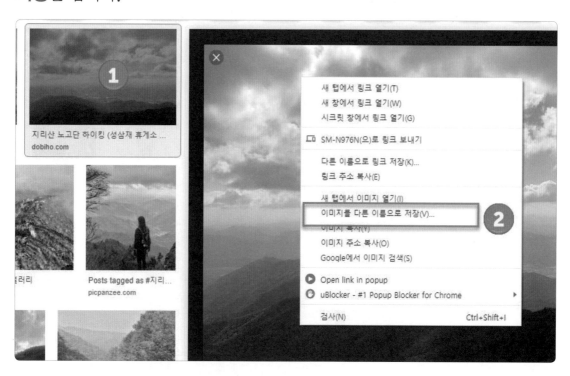

12 사진을 이런 방식으로 **20장**을 저장한 후 탐색기에서 **사진 – 지리산** 폴더를 들어가면 아래와 같이 나타납니다. 윈도우10을 사용하는 컴퓨터에서는 **파일 확장명**을 체크를 한 것과 하지 않은 것의 차이도 비교해 보세요.

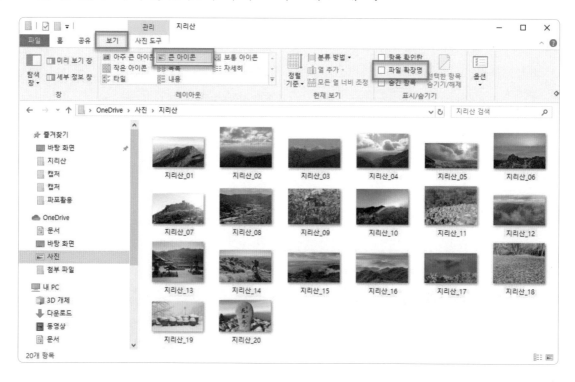

🖱 픽사베이에서 가져오기

01 반드시 크롬브라우저에서 **픽사베이** 사이트를 열어주기 바랍니다.

02 픽사베이 사이트가 나오면 오른쪽 상단의 **계정신청** 버튼을 눌러서 회원가입을 합니다. 회원가입은 필수는 아닙니다.

03 Google 계정 버튼을 클릭해서 가입하거나 사용자이름, 이메일주소, 비밀번호를 입력해서 가입을 해도 됩니다.

04 검색상자에 korea mountain을 입력한 후 Enter 를 누릅니다.

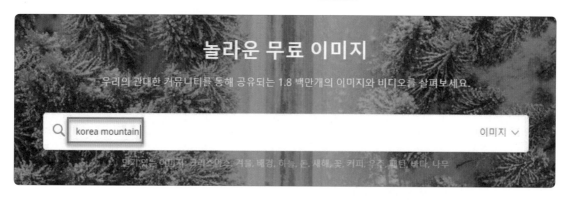

05 다운로드할 이미지를 클릭합니다.

06 **무료 다운로드** 버튼을 클릭하면 되는데 아래에 라이센스도 읽어보면 상업적으로 사용가능하며 출처를 안 밝혀도 된다고 나옵니다. 이러한 라이센스는 앨범을 웹에 게시할 때 중요한 사항이 됩니다.

07 다운로드 받을 이미지의 크기는 **1280x718**로 HD급을 선택한 후 **다운로드** 버튼을 클릭하면 오른쪽 그림이 나오는데 **로봇이 아닙니다**를 체크한 후 **다운로드**를 누릅니다. 로그인이 안되어 있을 경우에는 타일에서 물어보는 단어의 그림을 선택해야 할 수도 있습니다.

08 좌측 하단으로 다운로드가 완료되면 아래처럼 다운로드된 파일이 표시가 됩니다. ∨ 버튼을 눌러서 **폴더 열기**를 선택합니다.

09 폴더가 열리면 선택된 사진을 **사진 폴더로** 드래그해서 이동합니다.

10 다시 크롬브라우저에서 뒤로 버튼을 눌러서 korea mountain으로 검색한 4장의 사진을 더 다운로드해서 사진 폴더로 이동시킵니다.

11 탐색기에서 사진 폴더를 클릭한 후 새 폴더를 클릭해서 **픽사베이** 폴더를 만듭니다.

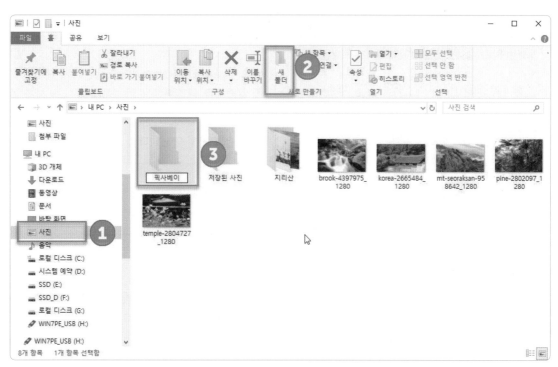

12 첫 번째 사진에 클릭한 후 마지막 사진에 [Shift]+클릭해서 범위로 지정한 후 픽사베이 폴더로 드래그해서 사진을 이동합니다.

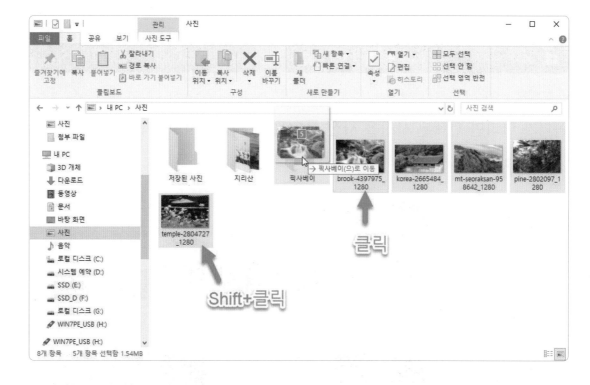

🖱 구글 포토에서 가져오기

01 스마트폰을 실행한 후 Play스토어에서 **구글 포토**를 검색한 후 설치합니다. 이미 포토를 사용중이라면 **갤러리를 실행**한 후 공유할 사진을 선택한 후 하단에 **공유** 버튼을 누릅니다.

02 공유할 앱을 선택하라는 화면에서 Google **포토**를 선택한 후 **업로드** 버튼을 누릅니다.

03 크롬브라우저에서 구글 사이트에서 로그인을 한 후 ❶앱 버튼을 클릭한 후 ❷사진을 클릭합니다.

04 구글 포토가 실행되면 방금 올려진 파일들이 보이게 됩니다. 컴퓨터에 옮길 사진을 클릭합니다.

05 이미지에 마우스 오른쪽 단추를 클릭해서 **이미지를 다른 이름으로 저장**을 클릭해서 사진 폴더에 저장하거나 오른쪽 상단의 **삼점** 메뉴를 클릭한 후 **다운로드**를 클릭해서 저장합니다. 이때는 다운로드 폴더에 자동으로 다운로드가 되므로 사진 폴더로 이동작업을 해 줄 필요가 있습니다.

구글 포토 또는 사진이라고 하는 앱은 구글에서 15GB를 제공하는 클라우드 서비스로 스마트폰으로 촬영한 사진을 와이파이 상태에서 자동으로 업로드할 수도 있습니다. 스마트폰의 갤러리에서 사라진 사진을 포토에서 열어볼 수 있으므로 사진을 정기적으로 클라우드에 올려두는 것이 안전합니다.

🖱 사진을 슬라이드에 가져오기

01 파워포인트를 실행한 후 **삽입** 메뉴의 일러스트레이션 그룹의 **사진 앨범**을 클릭합니다.

02 사진 앨범 대화상자에서 그림을 삽입하기 위하여 **파일/디스크**를 클릭합니다.

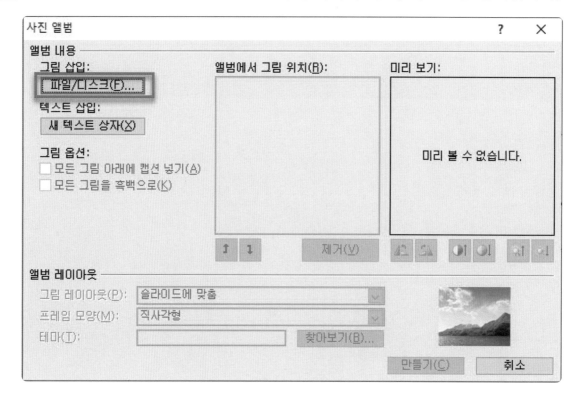

03 탐색 창에서 **사진** 폴더를 선택한 후 오른쪽 내용창에서 **지리산** 폴더를 더블클릭해서 열어줍니다.

04 오른쪽 내용창의 첫 번째 파일을 클릭한 후 모든 파일을 가져오기 위해 Ctrl + A 를 눌러서 모든 파일을 선택한 후 **삽입** 버튼을 클릭합니다.

05 다시 사진 앨범 대화상자가 나오면 앨범 레이아웃 그룹의 **그림 레이아웃** 드롭다운 버튼을 클릭한 후 목록에서 **제목을 가진 그림 1개**를 설정합니다.

06 프레임 모양은 직사각형으로 되어 있는데 클릭해서 **단순형 프레임, 흰색**으로 설정 한 후 미리 디자인된 테마를 찾아서 넣어보도록 하겠습니다. 앨범 레이아웃 그룹의 테마에서 **찾아보기**를 클릭합니다.

07 테마 선택 대화상자에서 **Metro.thmx**를 찾아 선택한 후 **선택** 버튼을 클릭합니다.

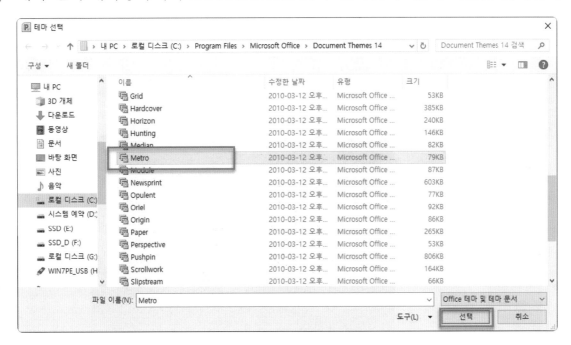

08 다시 사진 앨범 대화상자가 나오면 준비는 끝난 것입니다. 오른쪽 하단의 **만들기** 버튼을 클릭합니다.

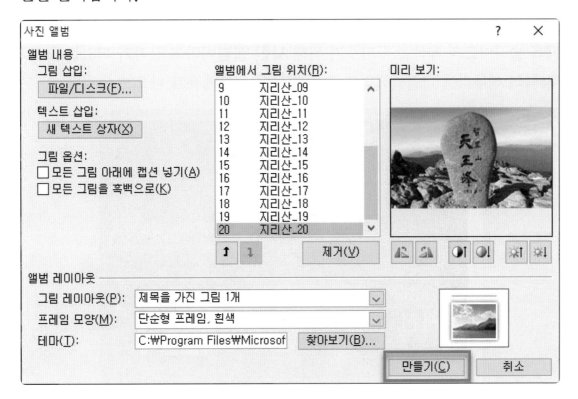

09 제목슬라이드가 만들어지고 나머지 각 슬라이드에는 제목과 1장의 사진이 테마가 적용된 상태로 파워포인트가 새로 실행되어 나타난 것을 확인할 수 있습니다.

10 제목 슬라이드의 제목을 꾸며주기 위해 **사진 앨범**이라고 글자가 써있는 곳을 클릭한 후 틀의 테두리에 더블클릭하면 **그리기도구** 정황메뉴가 나오게 됩니다.

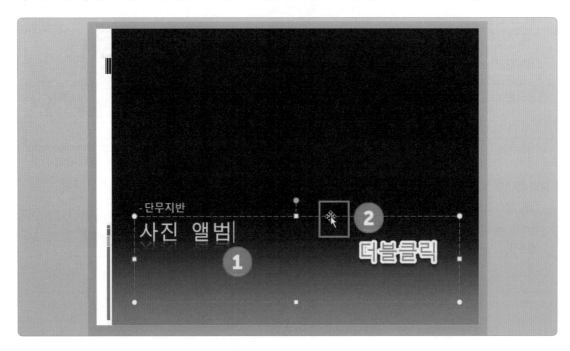

11 ❶서식 메뉴의 **도형 스타일**그룹에서 ❷**도형 채우기** 드롭다운 버튼을 클릭한 후 ❸ 그림을 클릭합니다.

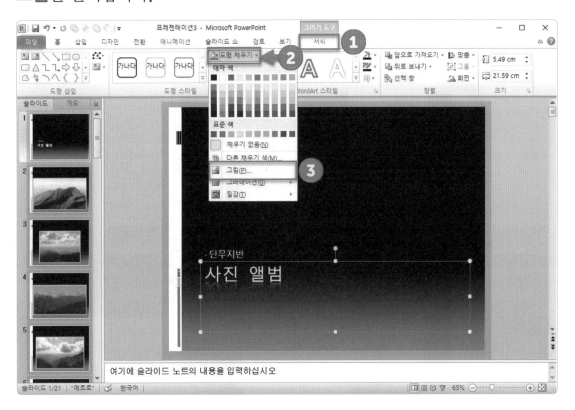

12 사진 앨범 글상자에 들어갈 사진을 선택한 후 **삽입**을 클릭합니다.

13 도형 스타일에서 **❶도형 효과**를 클릭한 후 **❷3차원 회전**에 마우스를 올린 후 **❸원근감-보통의경사**를 선택합니다.

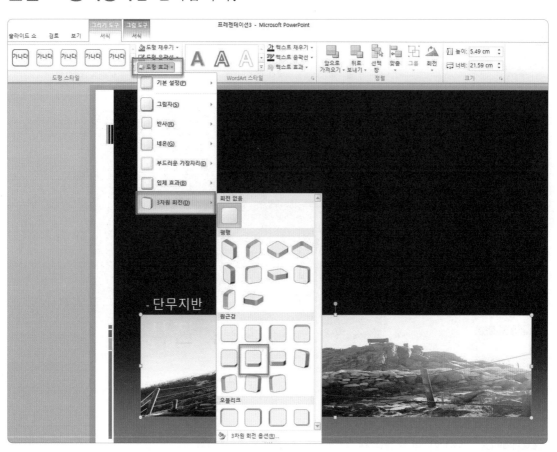

14 **사진 앨범** 글자를 블록으로 지정한 후 **"추억여행"**이라고 글자를 입력한 후 **홈** 메뉴에서 글자색은 원하는 색으로 변경하고 날짜를 아래와 같이 입력합니다.

🖱 슬라이드 화면전환

슬라이드에서 다음 슬라이드로 넘어갈 때의 효과를 화면전환으로 영어로는 Transition(트랜지션)이라고 합니다.

01 슬라이드가 총 21장으로 **2번 슬라이드**를 선택한 후 **전환** 메뉴를 클릭한 후 슬라이드 화면전환 그룹에서 **흩어 뿌리기**를 선택합니다.

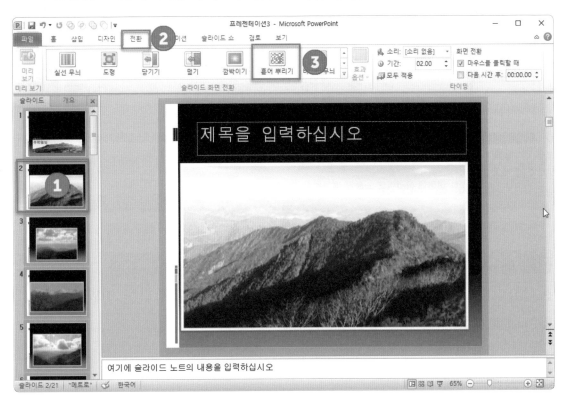

02 3번부터 마지막 21번 슬라이드까지 모두 선택합니다. **3번 슬라이드**를 클릭합니다.

03 Ctrl + Shift + End 를 눌러서 마지막 슬라이드까지 범위로 지정합니다.

04 **전환** 메뉴를 클릭해서 슬라이드 화면전환 갤러리의 화려한 효과 그룹에서 **벌집형**을 선택합니다. 화면효과가 미리 적용된 결과를 보여주므로 다른 전환효과도 선택해서 확인해 보세요.

05 **슬라이드 쇼** 메뉴를 클릭한 후 **처음부터**를 클릭해서 화면전환 효과를 적용한 결과
를 확인해 봅니다.

06 슬라이드 쇼가 진행될 때 하나의 슬라이드가 나오고 멈추는데 클릭을 하거나 Enter
를 누르면 다음 슬라이드가 나옵니다. Esc 키를 눌러서 슬라이드 쇼를 멈춥니다.

🖱 자동으로 화면전환하기

01 1번 슬라이드를 선택한 후 **디자인 – 종이**를 선택합니다.

02 **전환** 메뉴를 선택한 후 슬라이드 화면 전환을 **나누기**로 선택한 후 **마우스를 클릭할 때**의 체크를 해제합니다.

03 다음 시간 후를 스핀 버튼을 눌러서 **2초**로 변경하고, **기간**을 **4초**로 변경합니다.

04 2번 슬라이드를 선택한 후 전환효과를 밀어내기로 변경한 후 **기간**을 **5초**, 마우스를 클릭할 때를 해제한 후 **다음 시간 후**는 **3초**로 변경하고 제목을 **지리산 겨울 산행**으로 변경합니다.

05 3번부터 마지막 21번 슬라이드까지 모두 선택하는데 **3번 슬라이드**를 클릭한 후 Ctrl + Shift + End 를 눌러서 마지막 슬라이드까지 범위로 지정합니다.

06 전환효과에서 동적 콘텐츠 중에서 **컨베이어**를 선택합니다.

07 기간은 2초, 다음 시간 후는 3초로 정한 후 **슬라이드 쇼**를 클릭한 후 처음부터를 누릅니다.

🖱 사진 추가하기

슬라이드와 슬라이드 사이에 픽사베이에서 다운로드한 사진을 하나 추가하는 작업입니다. 이미 테마가 적용되었으므로 일반적인 삽입이 아니라 슬라이드를 복제한 후 사진을 변경하는 방법으로 더 빠르게 수정작업을 하겠습니다.

01 3번 슬라이드를 클릭한 상태에서 Ctrl + D 를 눌러서 슬라이드를 복제합니다.

02 4번 슬라이드를 선택한 후 그림을 더블클릭합니다.

03 그림 도구 정황메뉴 – 서식 메뉴에서 **그림 바꾸기**를 선택합니다.

04 사진 폴더에서 **픽사베이** 폴더를 더블클릭해서 열어줍니다.

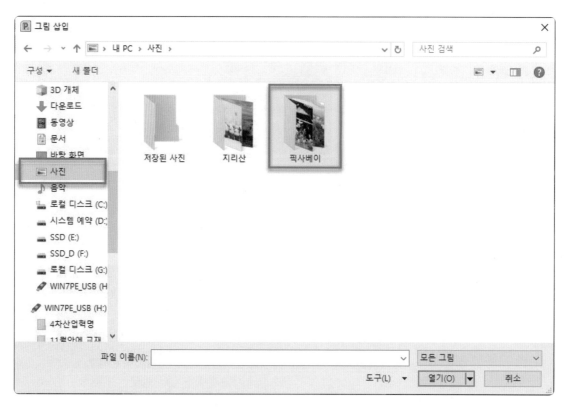

05 **픽사베이** 폴더에 있는 사진중 하나를 클릭한 후 **삽입** 버튼을 누르거나 더블클릭으로 열어줍니다.

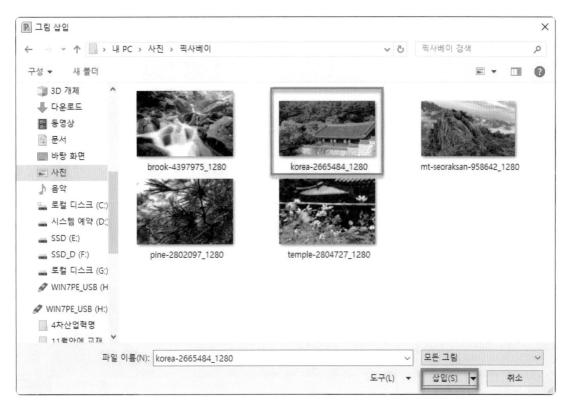

06 슬라이드에 있던 사진이 변경되었으며 제목을 아래처럼 변경합니다.

CHAPTER 04-1   동영상 다운로드   ▶▶▶

🖱 픽사베이 비디오 다운로드

01 반드시 크롬브라우저를 실행한 후 **픽사베이** 사이트에서 **office**를 입력한 후 오른쪽에서 비디오를 선택한 다음 Enter 를 누릅니다.

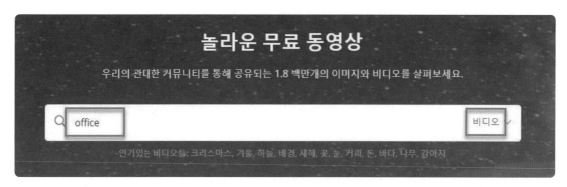

02 마우스를 검색된 영상에 올려놓으면 움직이는 장면이 나오게 됩니다. 몇 가지 영상에 마우스를 올려놓고 감상한 후 파워포인트로 앨범 제작에 사용할 영상을 클릭합니다.

03 오른쪽에 **무료 다운로드**를 클릭한 후 비디오 사이즈를 1280x720으로 선택한 후 **다운로드**를 클릭합니다.

04 아래 다운로드받은 파일의 드롭다운을 클릭해서 **폴더 열기**를 누르면 다운로드 폴더가 열리면서 파일이 선택되어 있습니다.

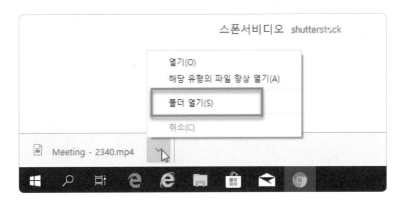

05 다운로드한 파일을 동영상 폴더로 드래그해서 이동해줍니다.

06 크롬브라우저를 다시 열어준 후 픽사베이에서 아래의 비디오 3개를 다운로드해서 동영상 폴더로 이동해줍니다.

HD 0:07 　　　　　　　　나뭇잎, 가을, 단풍이 가을, 황금가, 자연

단풍으로 검색한 후 다운로드합니다.

HD 0:12 　　　　　　　　가, 창, 단풍 나무, 정, 꽃다발

단풍으로 검색한 후 다운로드합니다.

HD 0:10 　　　　　　　　불꽃놀이, 폭발, 축하, 새 해

불꽃놀이로 검색한 후 다운로드합니다.

🖱 유튜브 영상 다운로드

01 크롬브라우저를 실행한 후 **유튜브** 사이트로 이동합니다.

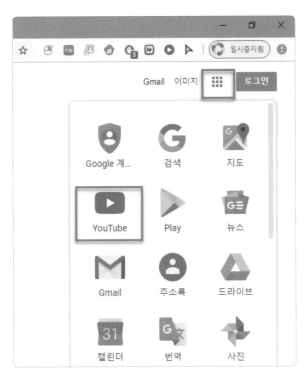

02 유튜브 사이트가 나오면 검색상자에 lake video background를 입력한 후 `Enter` 를 누릅니다.

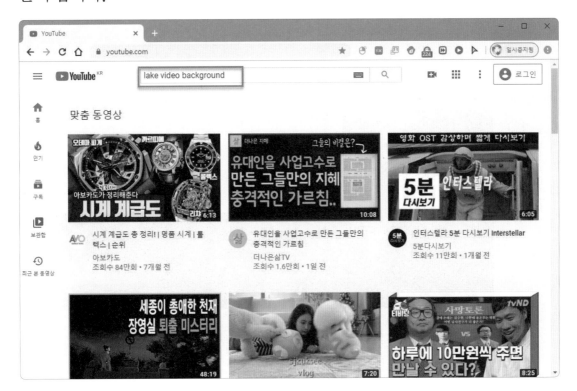

03 아래와 같이 시간이 짧은 영상을 찾아서 클릭하는데 가급적 영상에 영상의 제목에 클릭을 하는 것을 권장하며 시간이 긴 동영상은 다운로드 시간이 길어지므로 시간이 짧은 것을 권장합니다.

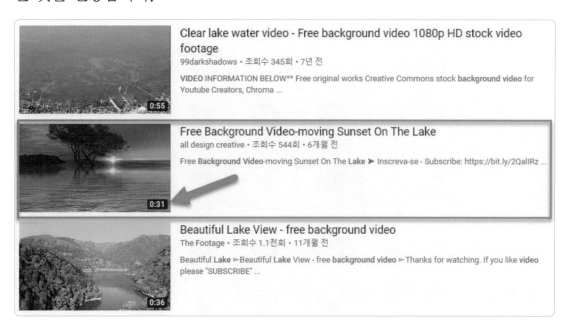

04 영상이 자동으로 재생되어 소리가 들리고 다음 영상으로 넘어갈 수 있으므로 영상에 클릭해서 **일시정지**를 한 후 주소표시줄에 마우스 오른쪽 단추를 눌러서 **복사**를 눌러줍니다.

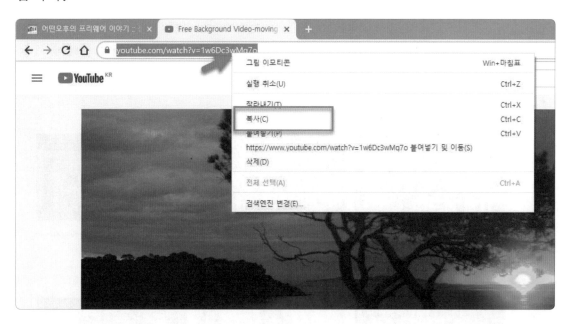

05 새 탭을 눌러서 주소표시줄에 VIDEOCYBORG.COM을 입력한 후 Enter 를 누릅니다.

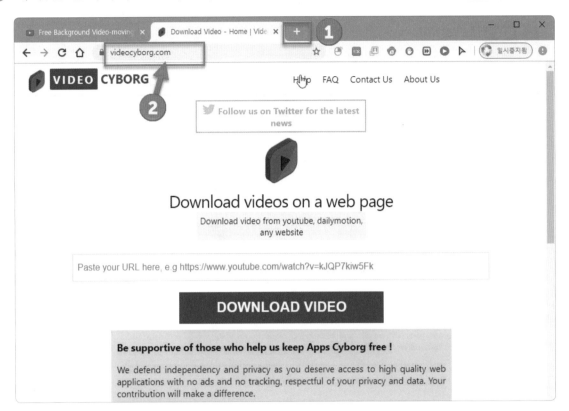

06 아래와 같이 입력상자에 다운로드할 주소를 **붙여넣기**를 합니다.

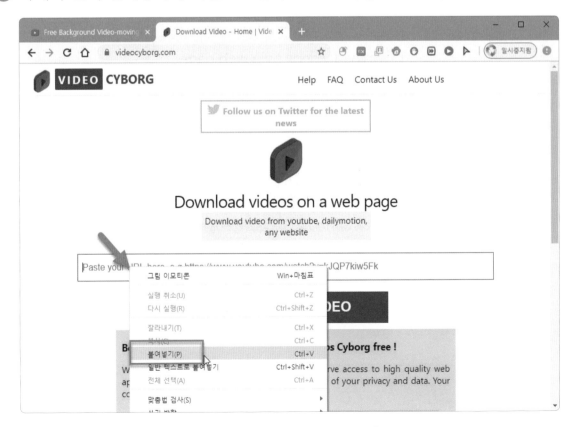

07 복사한 유튜브 주소를 붙여넣기를 했으면 DOWNLOAD VIDEO버튼을 클릭합니다.

08 유튜브를 다운로드할 수 있게 변환작업이 100%가 끝나면 아래와 같이 Download Your Video를 클릭합니다.

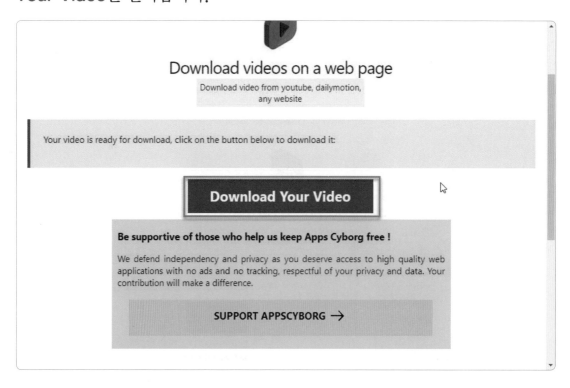

09 다운로드가 완료되면 **폴더 열기**를 실행한 후 해당 파일을 **동영상** 폴더로 이동시킵니다.

10 Youtube 홈으로 되돌아 간 후 **인트로 소스**를 검색해서 아래의 썸네일을 클릭합니다.

11 앞의 동영상을 다운받은 방법을 그대로 반복하면 됩니다. 새 탭을 눌러서 주소 표시줄에 VIDEOCYBORG.COM을 입력한 후 Enter 를 눌러서 사이트를 이동한 후 다운로드를 작업을 한 후 다운받은 파일을 **동영상** 폴더로 이동해 줍니다.

01 크롬브라우저를 이용해서 유튜브 홈페이지로 이동한 후 다운받을 음악 **제목**을 입력하면 되는데 여기서는 **비발디 사계 하이라이트**를 검색하도록 합니다.

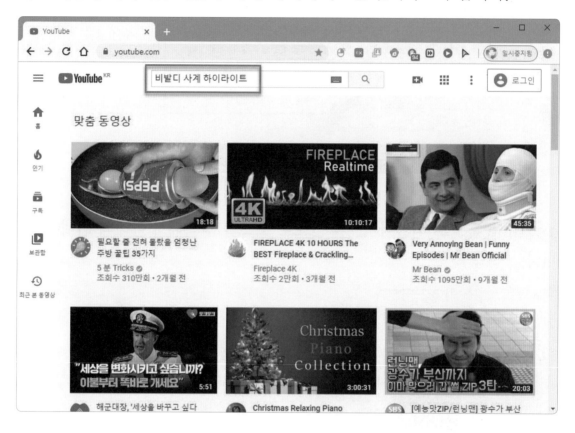

02 아래와 같이 재생 시간이 짧은 음악을 찾아서 클릭을 합니다.

03 다운로드할 동영상을 들어본 후 일시정지를 한 후 주소 표시줄에 마우스 오른쪽 단추를 눌러서 **복사**를 합니다.

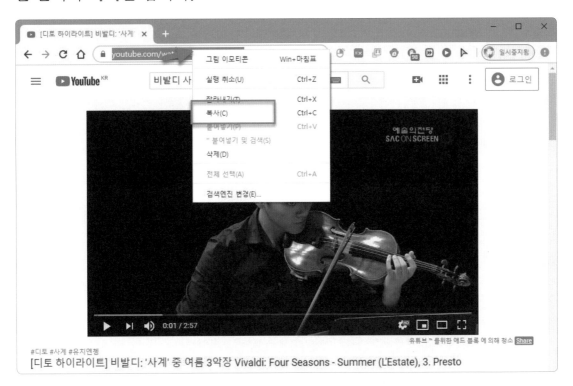

04 새 탭을 눌러서 주소표시줄에 ❶MP3CYBORG.COM을 입력한 후 Enter 를 눌러서 사이트를 이동한 후 ❷붙여넣기를 한 후 ❸CONVERT VIDEO TO MP3 버튼을 클릭합니다.

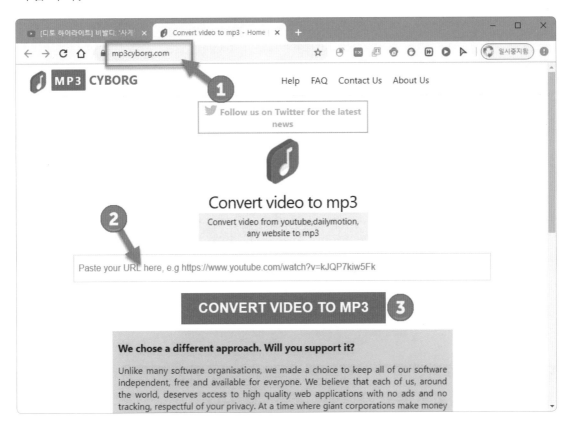

05 비디오를 MP3로 변환하는 과정의 화면이 나오는데 100% 완료될 때까지 기다립니다.

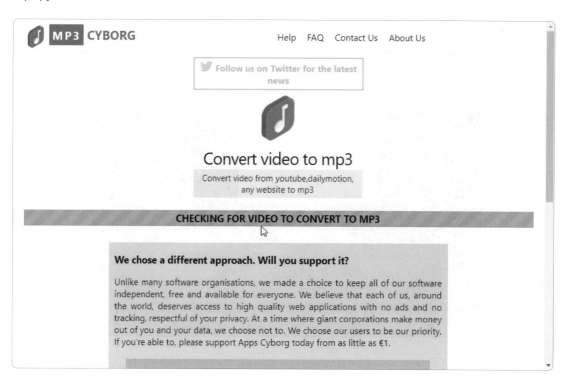

06 변환이 끝나면 아래의 DOWNLOAD YOUR MP3 버튼을 클릭해서 다운로드를 합니다.

07 다운로드가 완료되면 화면 아래의 다운로드된 드롭다운 버튼을 클릭한 후 폴더 열기를 해서 해당 파일을 **음악** 폴더로 이동을 시킵니다.

픽사베이 또는 유튜브에서 다운로드한 비디오 파일은 코덱이 맞지 않아서 파워포인트에 직접 사용할 수 없습니다. 파워포인트에서 사용할 수 있는 이 교재에서는 **다음팟인코더**를 사용합니다.

다음팟인코더를 검색할 때 나오는 카카오인코더는 절대 다운로드 받으면 안되는데 악성 코드가 걸릴 수도 있으며 진짜 카카오회사는 kakao입니다. cacao인코더는 사용하지 말아야합니다.

01 크롬브라우저를 실행한 후 **구글** 사이트에서 **다음팟인코더**를 검색한 후 아래의 링크를 클릭합니다.

02 웹페이지가 열리면 약간 아래로 이동하면 아래의 링크가 보이는데 클릭해서 다운로드를 합니다.

03 다운로드한 파일의 드롭다운 버튼을 클릭해서 **열기**를 클릭해서 설치마법사가 나오면 진행과정에 따라 설치를 해 줍니다.

04 설치할 때 아래 화면에서 체크를 해제할 것을 잘 보고 해제한 후 설치작업을 진행합니다.

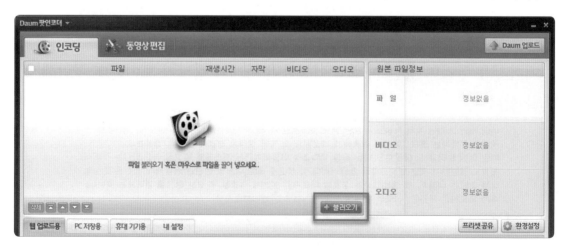

05 설치가 끝나면 자동으로 다음팟인코더가 실행되면 **불러오기**를 클릭합니다.

06 파일 열기 대화상자가 열리면 좌측에서 **동영상** 폴더를 선택한 후 오른쪽 창에서 변환할 동영상을 모두 선택한 후 **열기**를 클릭합니다.

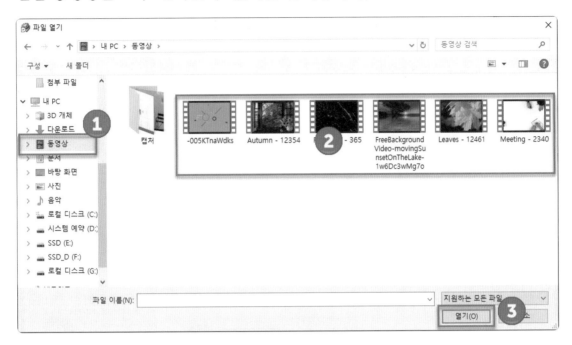

07 PC 저장용 탭을 누른 후 인코딩옵션은 PC/PMP용을 선택하고, 화면크기는 **원본 크기 사용**, 영상화질을 **고화질(100%)**, 파일형식은 AVI로 변경합니다.

08 인코딩후 저장해야 하므로 저장 폴더를 **❶폴더변경**을 클릭한 후 **❷동영상** 폴더를 펼쳐서 선택한 후 **❸확인**을 클릭한 후 **❹인코딩시작**을 클릭합니다.

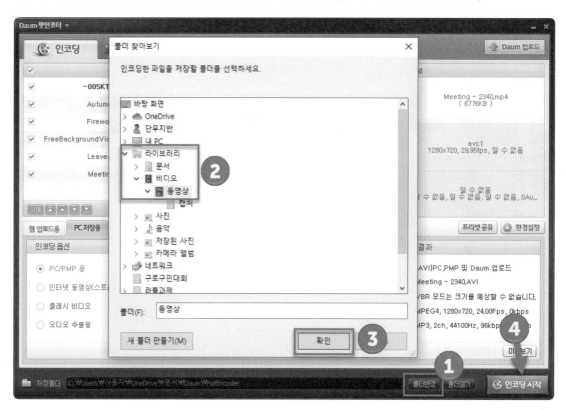

09 인코딩 작업과정이 화면에 나오게 됩니다.

10 인코딩 작업이 끝나면 **닫기** 버튼을 클릭한 후 다음팟인코더 메인 창도 **닫기**를 합니다.

11 탐색기에서 **동영상** 폴더를 선택한 후 **보기 – 파일 확장명**을 체크하면 인코딩전과 인코딩후의 파일이 보입니다. 파워포인트에서 MP4파일은 사용할 수 없으므로 변환 전인 **MP4파일을 삭제**하도록 합니다.

🖱 비디오 삽입과 애니메이션

01 파워포인트를 실행한 후 **레이아웃**을 **빈 화면**으로 변경합니다.

02 **삽입 – 비디오**를 클릭한 후 **동영상** 폴더에서 **Meeting–2340.avi** 파일을 삽입합니다.

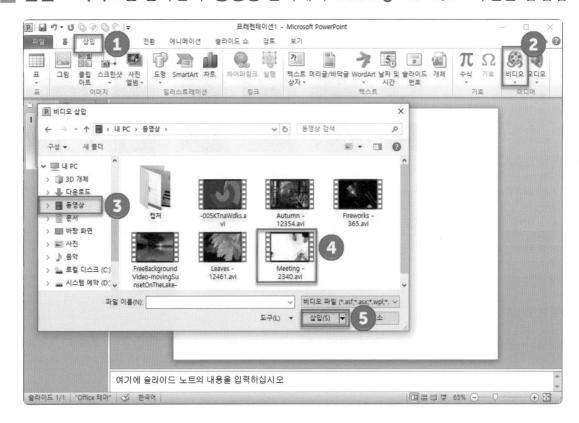

03 삽입된 비디오를 슬라이드의 크기에 맞도록 조정합니다.

04 **재생** 메뉴를 클릭한 후 시작은 **자동 실행**으로, 전체 화면 재생은 **체크 표시**를 합니다.

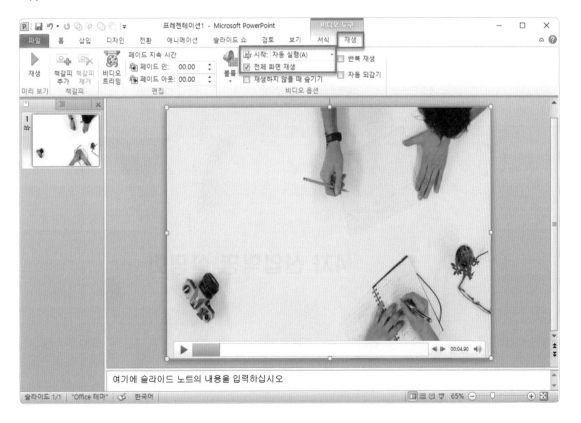

05 삽입 – 텍스트 상자를 차례대로 클릭한 후 비디오 위에 마우스를 올려놓은 후 클릭합니다.

06 4차 산업혁명 설명회를 입력하고 블록을 설정한 후 글자체는 HY헤드라인M, 글자 크기는 48로 설정합니다.

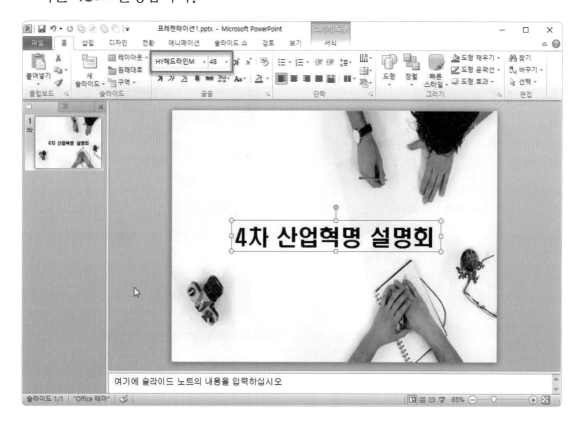

07 **산업혁명**을 블록설정한 후 **서식 – 자세히** 버튼을 클릭합니다.

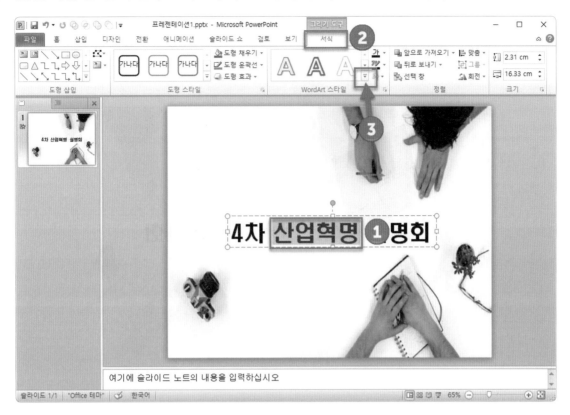

08 선택한 텍스트에 적용 그룹에서 **그라데이션 채우기 – 자주, 강조4, 반사**를 선택합니다.

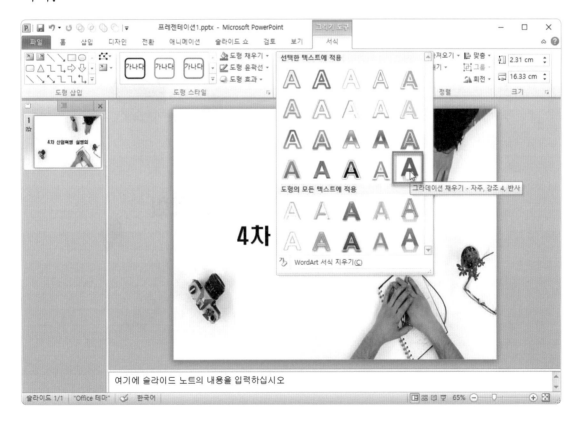

09 **애니메이션** 메뉴를 클릭한 후 애니메이션 **자세히** 버튼을 클릭합니다.

10 나타내기 그룹에서 **확대/축소**를 클릭해서 선택합니다.

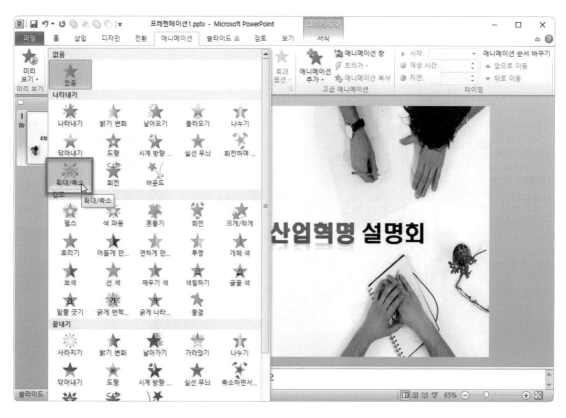

11 고급옵션 그룹에서 **애니메이션 추가** 버튼을 클릭한 후 강조그룹에서 **흔들기**를 선택
합니다.

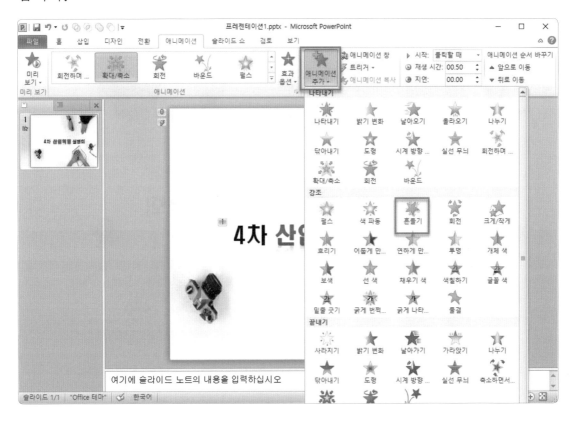

12 4차산업혁명설명회의 **첫 번째 애니메이션** 버튼을 클릭한 후 **시작** 버튼을 클릭해서
이전 효과와 함께를 선택합니다.

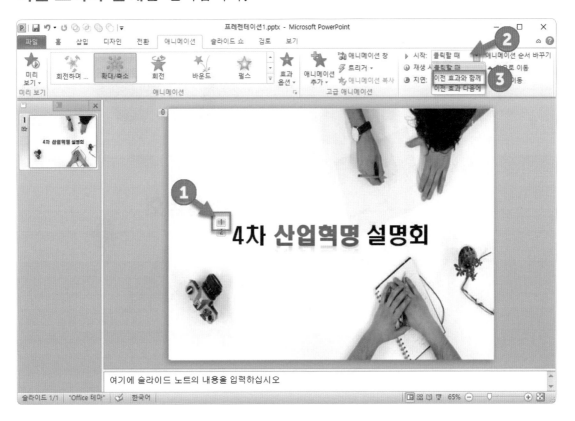

13 재생 시간을 **2초**로 설정합니다.

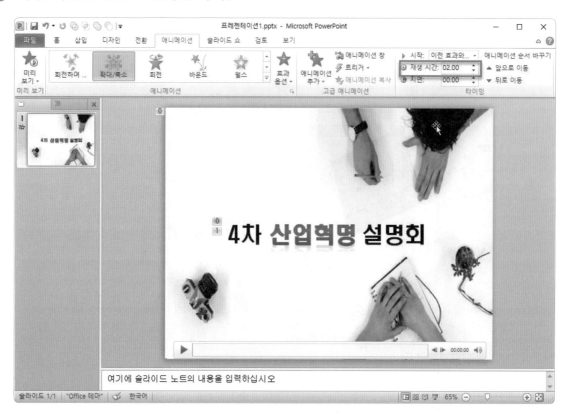

14 4차산업혁명설명회의 **두 번째 애니메이션** 버튼을 클릭한 후 **시작** 버튼을 클릭해서
이전 효과와 함께를 선택한 후 재생시간을 **2초**로 동일하게 설정합니다.

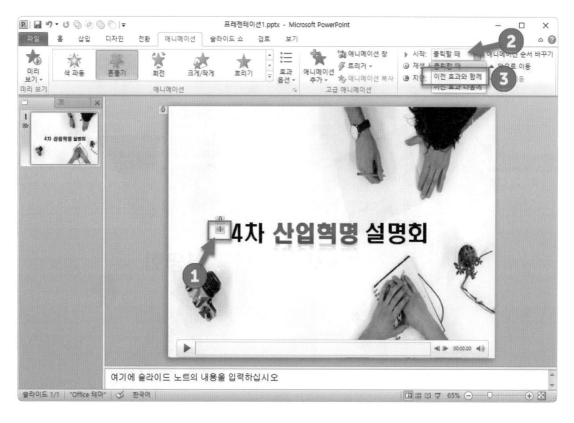

15 슬라이드쇼 – **처음부터**를 클릭해서 슬라이드쇼가 어떻게 진행되는지 확인해 봅니다.

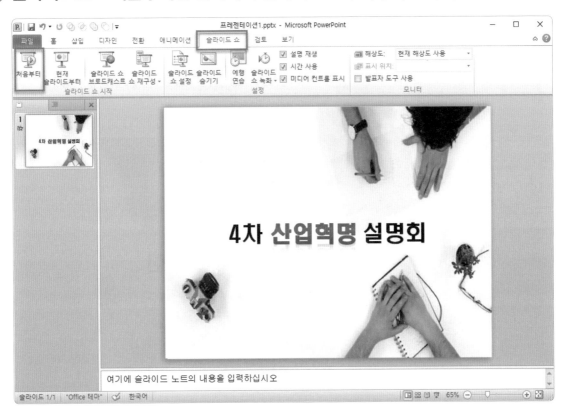

16 비디오 재생시간이 모두 끝나야 4차 산업혁명 설명회가 진행이 되는데 애니메이션도 안되고 글자만 나오게 됩니다. **비디오를 클릭**한 후 **재생 – 비디오트리밍**을 선택합니다.

17 오른쪽의 빨간 종료시간 막대를 **3초**에 가깝게 왼쪽으로 드래그를 한 후 **확인**을 클릭합니다.

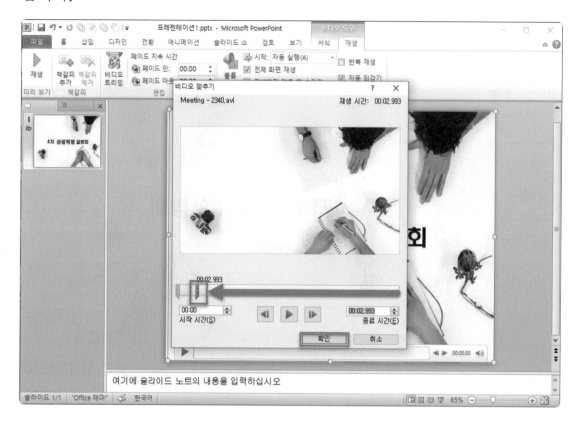

18 애니메이션 – 애니메이션 창을 클릭한 후 TextBox 2:4차원...을 클릭합니다.

19 애니메이션 창의 경계에 마우스를 올려서 왼쪽으로 드래그해서 창을 늘려줍니다.

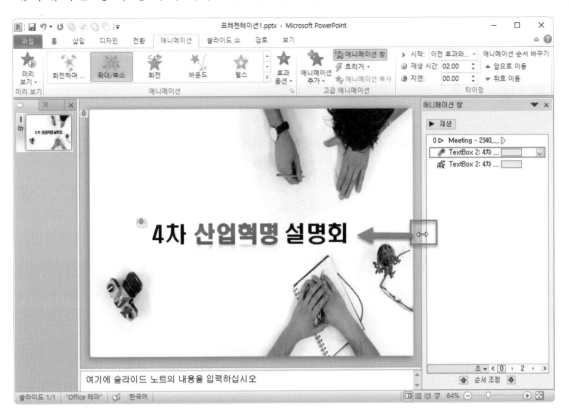

20 첫 번째 텍스트는 비디오가 끝나는 3초 뒤로, 두 번째 텍스트는 첫 번째 텍스트가 끝나는 시점으로 드래깅합니다.

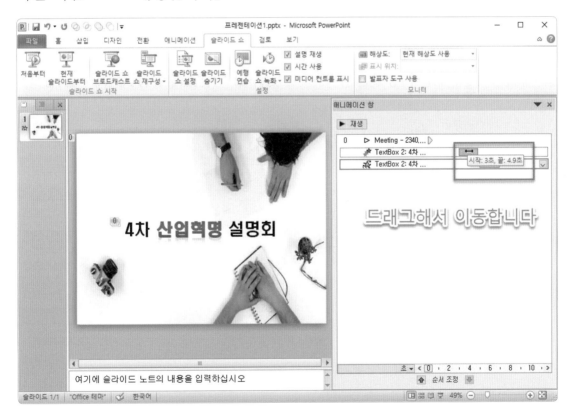

21 슬라이드 쇼 – **처음부터**를 클릭해서 슬라이드 쇼를 보면 비디오는 3초간 진행한 후 자동으로 텍스트 애니메이션이 진행됩니다.

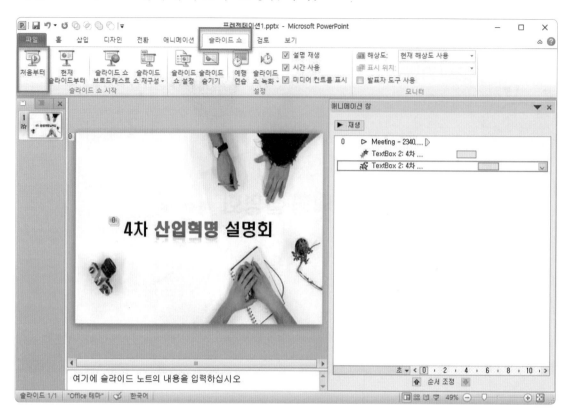

- 파워포인트는 비디오 파일과 텍스트가 동시에 애니메이션이 작동이 안되므로 동영상 편집 프로그램에 미리 비디오 파일로 동시에 나오도록 작업한 후 파워포인트에 사용 해야 합니다. 파워디렉터, 베가스, 프리미어, 다빈치리졸브 같은 영상 편집 프로그램 을 배워야하는 이유가 생겼습니다.

🖱 오디오 삽입하기

01 홈 – 새 슬라이드를 클릭해서 **빈 슬라이드**를 추가합니다.

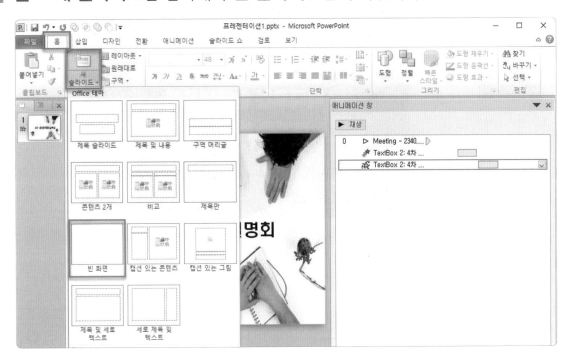

02 삽입 – 비디오를 클릭해서 Fireworks-365.avi를 삽입합니다.

03 비디오 크기를 슬라이드에 맞춘 후 **재생 – 클릭할 때**를 **자동 실행**으로 변경합니다.

04 **삽입 – 오디오**를 클릭한 후 **음악** 폴더에서 다운받은 파일을 선택한 후 **삽입**을 클릭합니다.

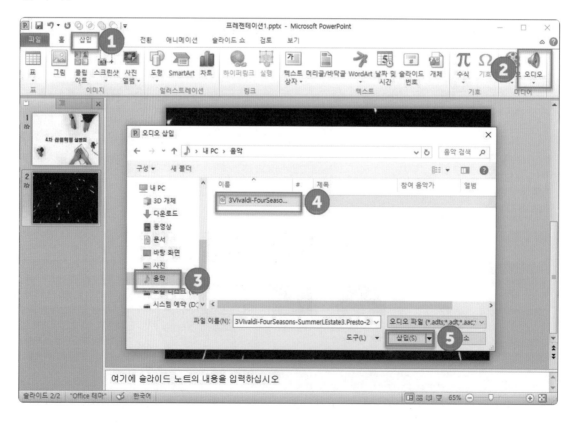

05 슬라이드가 나올 때 음악이 자동을 들리게 **재생** 메뉴에서 시작을 **자동 실행**으로 한 후 **슬라이드쇼 – 현재 슬라이드부터**를 클릭합니다.

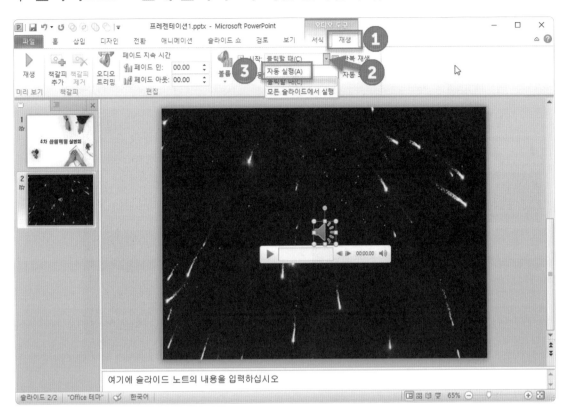

06 비디오가 끝난 후에 음악이 나오므로 애니메이션을 **이전 효과와 함께**로 변경한 다음 **슬라이드 쇼**를 해 봅니다.

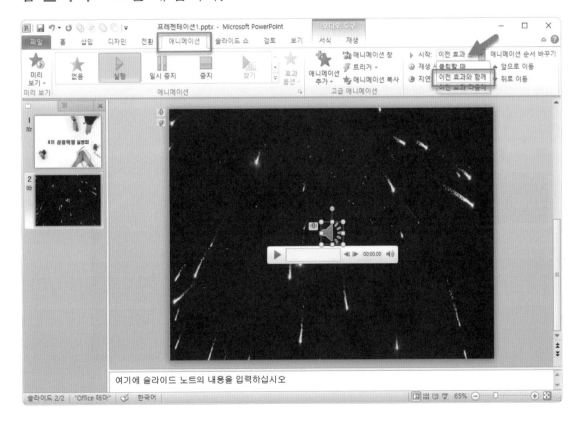

07 오디오 재생할 때 앞 부분에 잘라낼 부분이 있으므로 **재생–오디오 트리밍**을 누릅니다. 왼쪽/오른쪽 조정바를 이동한 후 확인을 누릅니다.

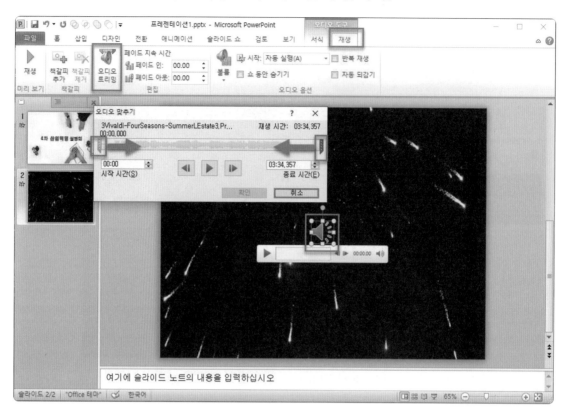

08 슬라이드 쇼 결과 비디오가 끝나도 오디오는 계속 진행이 되므로 비디오트리밍을 클릭해 보니 비디오의 길이가 9.958초이므로 오디오의 길이도 조절해 보세요.

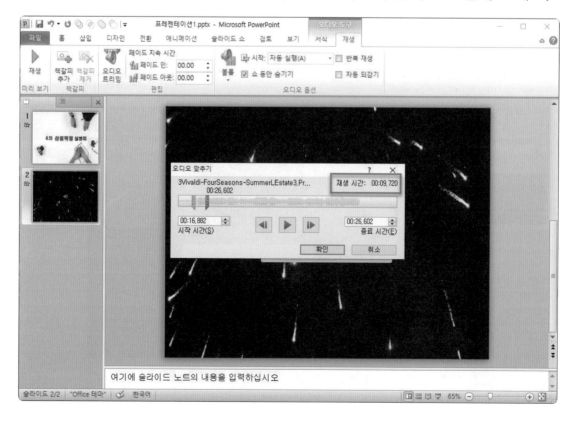

09 슬라이드 쇼를 한 결과 오디오가 갑자기 시작하고 끝나므로 **페이드인/아웃**을 조절합니다.

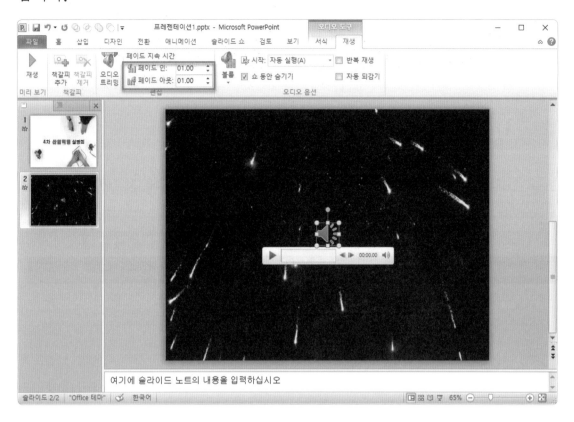

10 슬라이드에서 오디오 작업이 끝났다고 생각되면 오디오 옵션에서 **쇼 동안 숨기기**를 체크합니다.

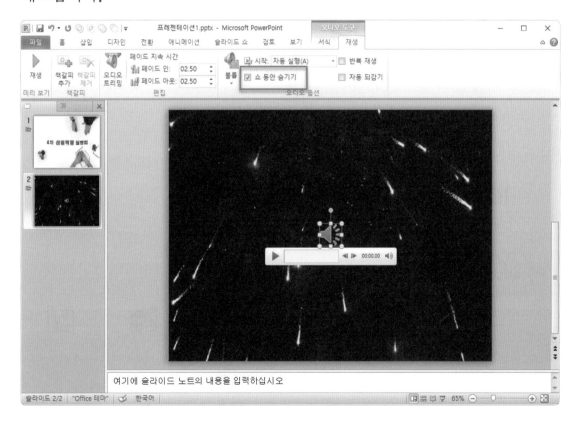

01 크롬브라우저를 이용해서 thenounproject.com 사이트에 접속합니다.

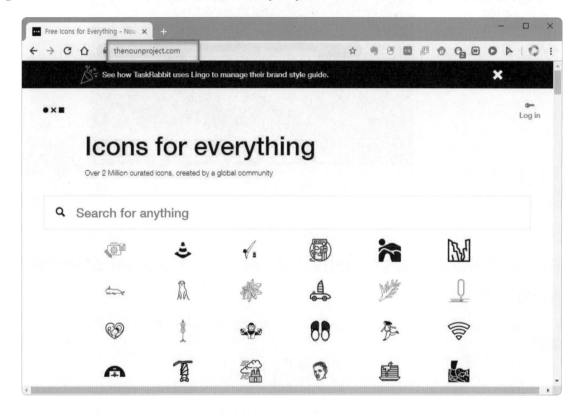

02 education이란 단어를 검색한 후 Enter 를 누릅니다.

03 원하는 이미지가 나왔으면 스크롤바를 이동해서 아래의 이미지를 찾아서 클릭합니다.(다른 이미지를 선택해서 작업해도 됩니다)

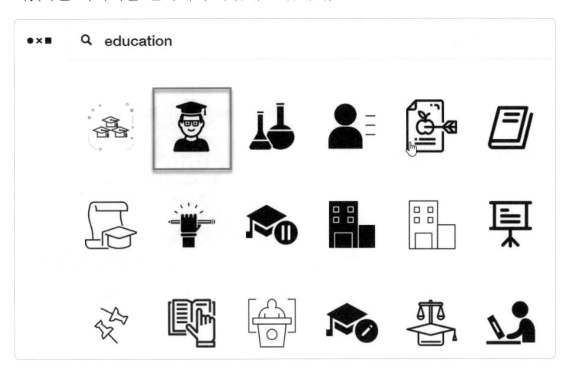

04 background(배경색)을 흰색으로 변경합니다.

05 icon color 버튼을 눌러서 원하는 색을 선택합니다.

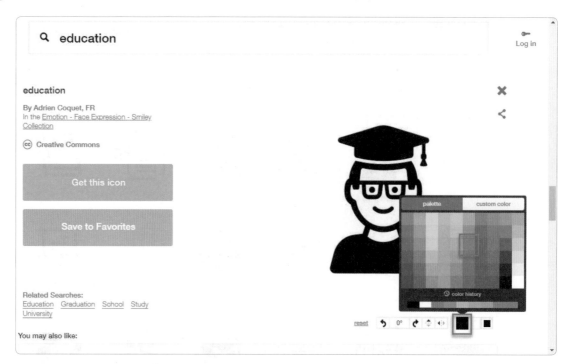

06 이 사이트는 그림을 저장하려면 회원가입을 해야 합니다. 윈도우10에서는 단축키 **윈 도+SHIFT+S**를 누른 후 원하는 부분을 드래그하면 캡처 할 수 있습니다. 윈도우7은 시작에서 캡처 프로그램을 실행한 후에 동일한 작업을 할 수 있습니다.

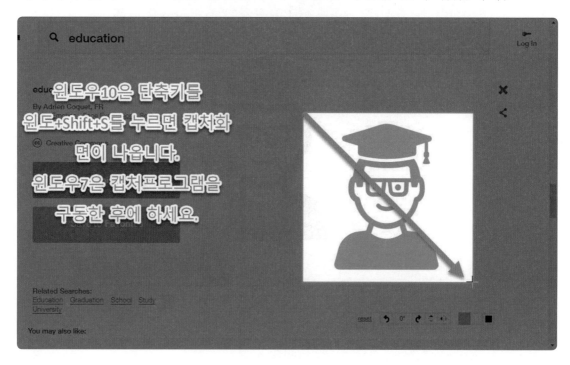

07 파워포인트를 실행한 후 레이아웃을 **빈 화면**으로 변경한 후 **디자인 - 배경 스타일**을 차례대로 클릭해서 **스타일5**로 변경합니다.

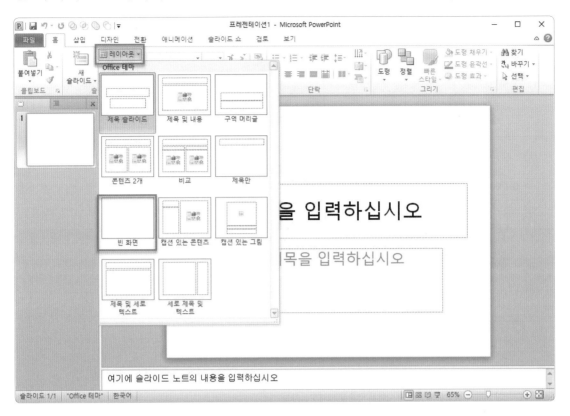

08 홈 - 붙여넣기를 클릭하거나 Ctrl + V 를 누릅니다.

09 가져온 이미지가 배경이 흰색이므로 **서식 – 색 – 투명한 색 설정**을 차례대로 클릭합니다.

10 투명하게 할 흰색을 클릭하면 투명해 집니다.

11 Ctrl + D 를 눌러서 이미지를 복제한 후 아래와 같이 배치합니다.

12 색 – 황록색으로 선택하면 이미지 색상이 변경됩니다.

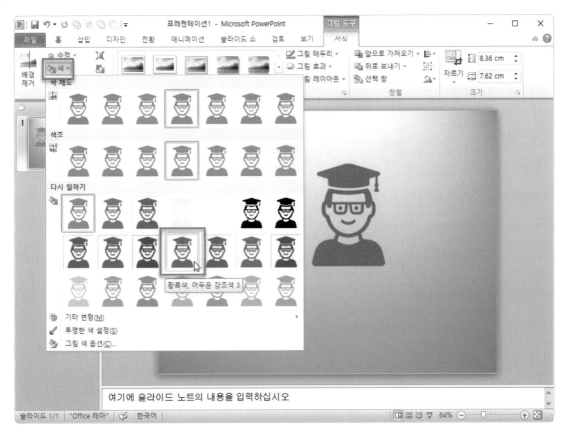

13 다음에 사용할 수 있으므로 왼쪽 이미지에 마우스 오른쪽 클릭한 후 **그림으로 저장**을 선택합니다.

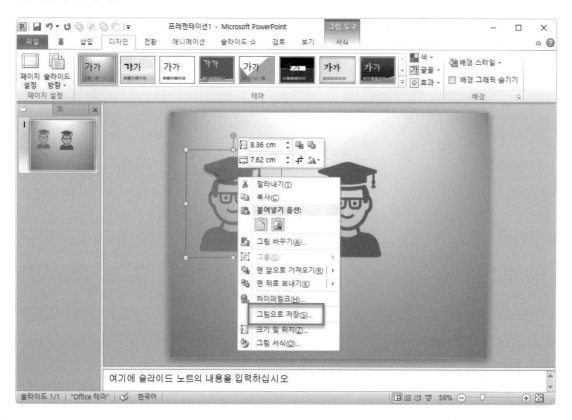

14 **사진** 폴더를 선택한 후 **새 폴더**를 클릭한 후 폴더 이름을 **아이콘**으로 입력한 후 Enter 를 2번 누릅니다.

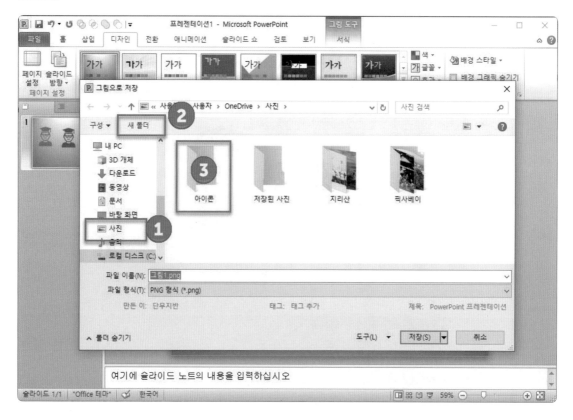

15 파일 이름은 **학생(파랑)**으로 입력한 후 저장을 클릭합니다. 다른 이미지도 **학생(황록색)**으로 저장해 보도록 합니다.

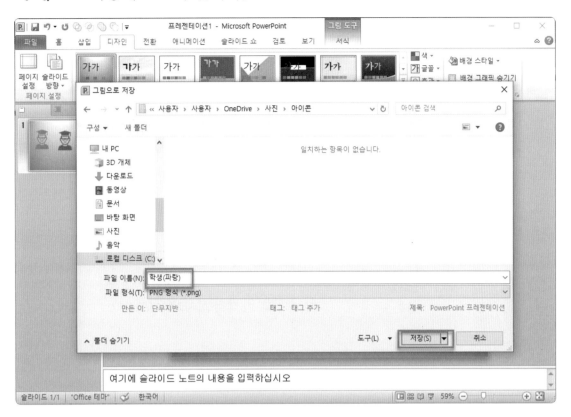

16 탐색기에서 확인한 결과 아래처럼 파일이 저장됩니다.

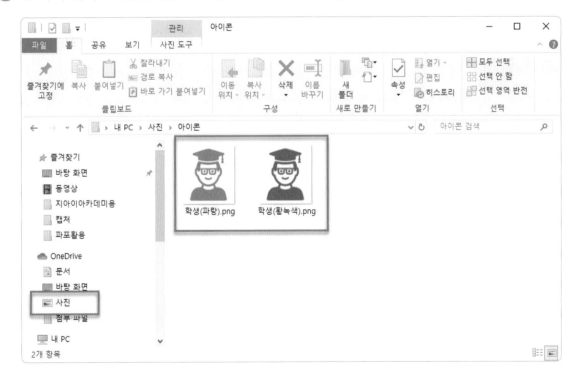

01 파워포인트를 실행한 후 레이아웃을 **빈 화면**으로 설정합니다.

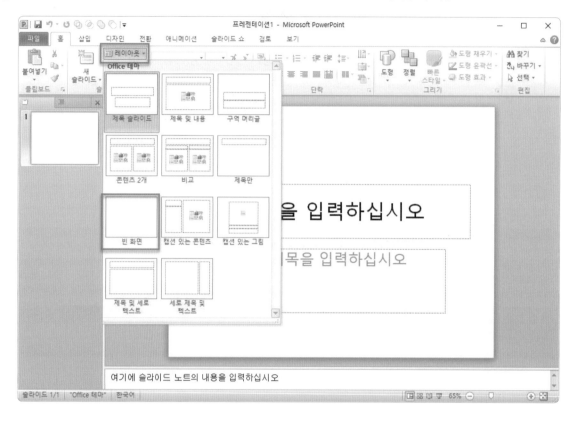

02 삽입 – 그림을 차례대로 클릭해서 **사진** – **지리산** 폴더에 있는 **지리산_07.jpg**를 삽입합니다.

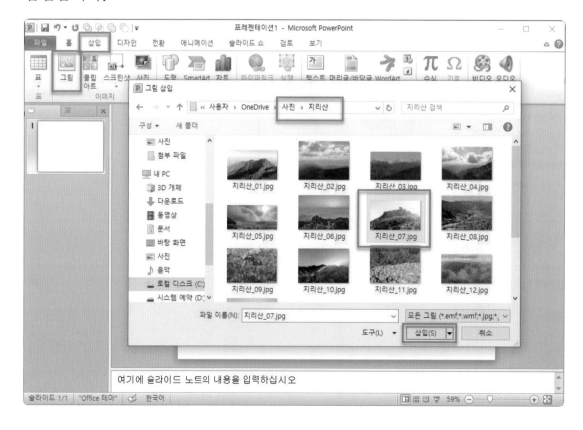

03 이미지가 슬라이드보다 작으므로 슬라이드에 크기를 맞춥니다.

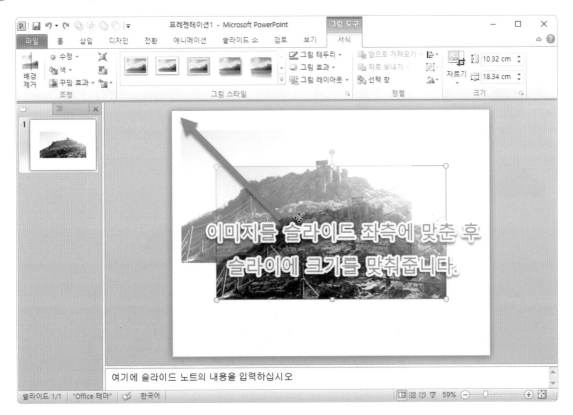

04 **삽입 – 그림**을 차례대로 클릭한 후 **사진 – 아이콘** 폴더에서 아래의 파일을 열어줍니다.

05 이미지 위치를 배치한 후 **애니메이션 – 올라오기**를 선택한 후 시작은 **이전 효과 다음에**를 선택합니다.

06 이미지를 선택한 후 Ctrl + D 를 눌러서 이미지를 복제한 후 **서식 – 색 – 흑백50%**로 수정합니다.

07 이미지를 Shift 를 눌러서 2개를 선택한 후 **맞춤 – 가운데 맞춤, 맞춤 – 중간맞춤**
을 눌러서 겹쳐보이게 한 후 슬라이드 쇼를 봅니다.

08 **애니메이션 – 애니메이션 추가**를 클릭한 후 끝내기 그룹에서 **확대/축소**를 선택합
니다.

🖱 슬라이드 마스터에 배경 지정하기

01 보기 메뉴를 클릭한 후 마스터보기 그룹에서 **슬라이드 마스터**를 차례대로 클릭합니다.

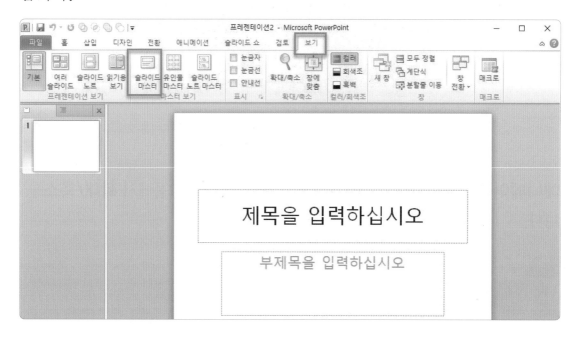

02 슬라이드 마스터 화면이 나오면 왼쪽의 개요창에서 슬라이드 마스터를 클릭합니다.

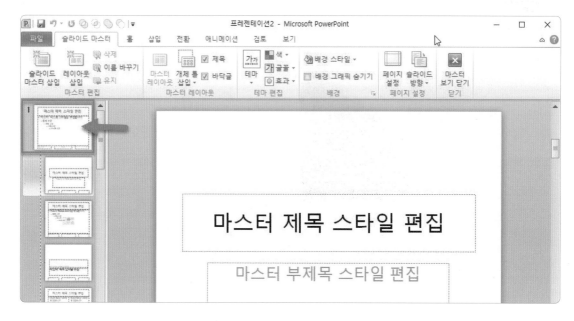

03 배경 그룹에 **배경 스타일**을 클릭한 후 **배경 서식**을 클릭합니다.

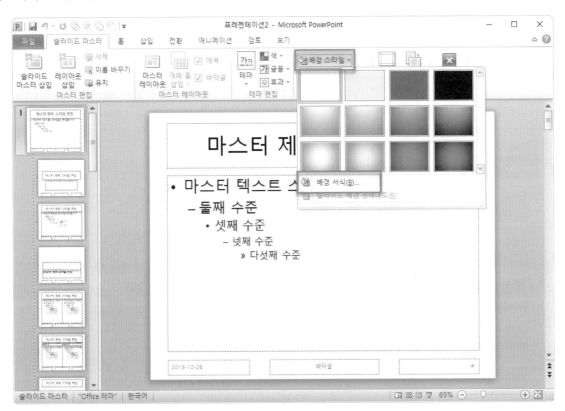

04 배경 서식 대화상자에서 **그림 또는 질감 채우기**를 체크한 후 **파일**을 눌러서 필요한 이미지를 삽입합니다.

05 제목 상자를 클릭한 후 아래와 같이 이동을 조금 한 후 HY헤드라인M, 36pt, 글자 색은 흰색, 그림자효과를 준 후 **왼쪽**으로 맞춥니다.

06 왼쪽 개요창에서 **제목 슬라이드** 레이아웃을 선택한 후 다른 배경을 사용하기 위해 **배경 스타일 − 배경서식**을 클릭합니다.

07 배경 서식 대화상자에서 **그림 또는 질감 채우기**를 체크한 후 **파일**을 눌러서 필요한
이미지를 삽입합니다.

08 **마스터 보기 닫기**를 눌러서 슬라이드 마스터를 끝냅니다.

09 제목은 **대한민국의 아름다운 산**으로 입력하고, 부제목은 **미래세대에게 빌려온 자산**으로 글자색은 **흰색**에 **그림자 효과**를 적용시킵니다.

10 **삽입 - 그림**을 클릭한 후 다운로드한 예제폴더(파워포인트활용)에서 **별.PNG**를 가져와서 Ctrl 을 누른 상태로 드래그해서 그림과 같이 3개를 위치시키고 크기도 다르게 합니다.

제목 슬라이드 애니메이션 작업하기

01 애니메이션 메뉴를 클릭한 후 애니메이션 창을 선택합니다.

02 제목과 부제목을 선택한 상태에서 애니메이션 그룹의 **자세히** 버튼을 클릭해서 **나타내기**를 선택합니다.

03 타이밍 그룹에서 시작을 **이전 효과와 함께**를 선택합니다.

04 별에 애니메이션을 주기 위해 Shift 를 눌러서 **3개의 별**을 선택한 후 애니메이션 **자세히**를 클릭해서 **추가 강조하기 효과**를 선택합니다.

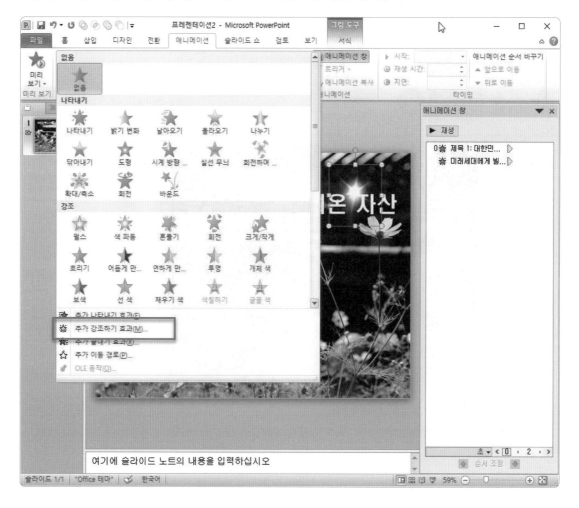

05 강조하기 효과 변경 대화상자에서 **깜박이기**를 선택한 후 **확인**을 클릭합니다.

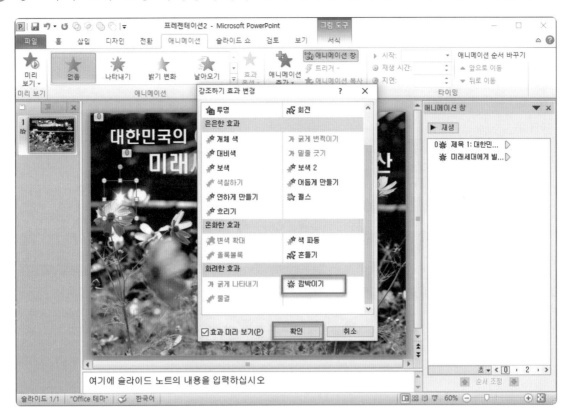

06 **애니메이션 추가** 버튼을 클릭해서 **흔들기**를 선택합니다.

07 애니메이션 창에서 별 **첫 번째**를 클릭한 후 **6번째** 별에 Shift +클릭을 해서 선택한 후 시작을 **이전 효과와 함께**로 변경합니다.

08 별(그림3)의 드롭다운을 눌러 **타이밍**을 선택한 후 반복을 **3**으로 정합니다.

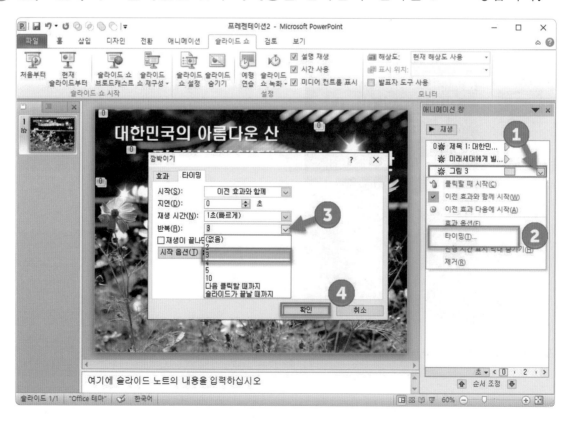

09 별(그림4, 그림5)를 범위로 지정한 후 드롭다운을 눌러 **타이밍**을 선택한 후 반복을
4로 정합니다.

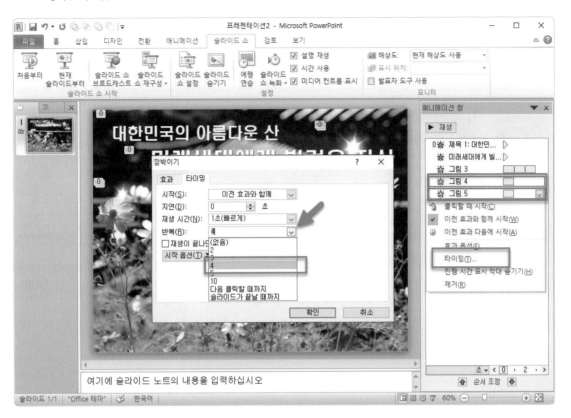

10 흔들기 효과를 준 그림3, 4, 5를 범위로 지정한 후 드롭다운을 눌러서 **이전 효과 다
음에**를 선택합니다.

11 다시 **드롭다운**을 눌러서 **타이밍**을 클릭한 후 **반복**을 클릭해서 **슬라이드가 끝날 때까지**를 선택합니다.

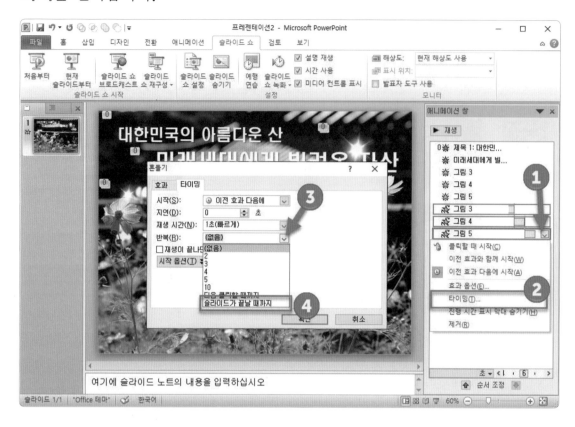

12 **슬라이드 쇼 – 처음부터**를 클릭해서 슬라이드 쇼가 어떻게 진행되는지 확인합니다.

🖱 이미지 배경과 도형편집

01 홈 – 새 슬라이드를 차례대로 클릭한 후 **제목만** 레이아웃을 클릭합니다.

02 제목을 **점점 파괴되는 금수강산**을 입력한 후 **삽입 – 도형 – 직각 삼각형**을 선택해서 아래와 같이 그려줍니다.

03 직각 삼각형을 선택한 후 **서식 – 회전 – 좌우대칭**을 누릅니다.

04 **도형 편집 – 점 편집**을 클릭합니다.

05 상단에 있는 검은 점을 클릭한 후 **흰색 방향점**을 위로 드래그하면 곡선이 만들어집니다.

06 좌측 하단의 점을 클릭한 후 방향점을 위로 약간만 드래그합니다.

07 점 편집중인 도형에 마우스 오른쪽 단추를 클릭한 후 **도형 서식**을 선택합니다.

08 그림 또는 질감 채우기 – 파일 – 쓰레기를 삽입합니다.

09 붙이기 옵션을 오른쪽 –2, 아래쪽 –40, 투명도 50%로 지정합니다.

10 왼쪽 탭에서 **선 색**을 클릭해서 **선 없음**을 선택합니다.

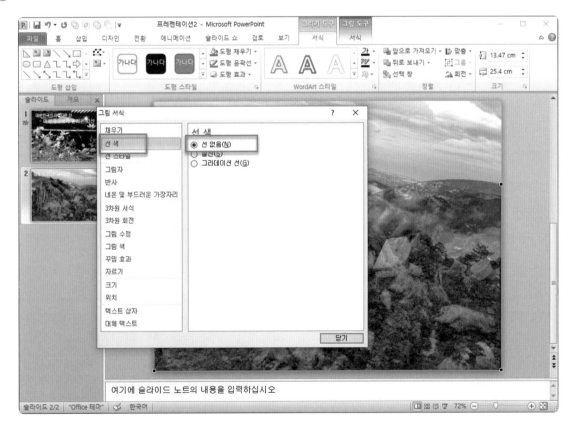

11 **네온 및 부드러운 가장자리**를 선택하고 부드러운 가장자리는 **30**을 적용한 후 **닫기**를 클릭합니다.

12 투명하고 가장 자리가 부드러운 그림이 슬라이드 배경과 어울리게 삽입된 것을 확인한 후 **금수강산.pptx**라는 이름으로 저장합니다.

CHAPTER
08 ▶ 발표자료 만들기 2

🖱 이미지 캡처해서 색상 변형하기

01 크롬브라우저를 실행한 후 주소표시줄에 **freepik.com**을 입력합니다.

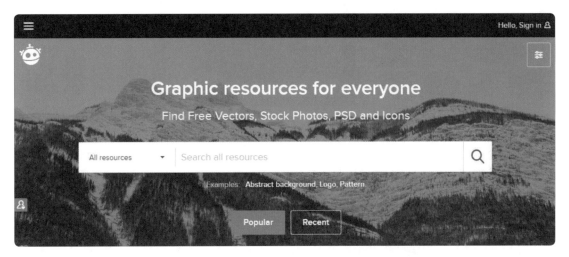

02 검색상자에 **trash**를 입력한 후 **돋보기(검색)** 버튼을 클릭해야 검색이 됩니다.

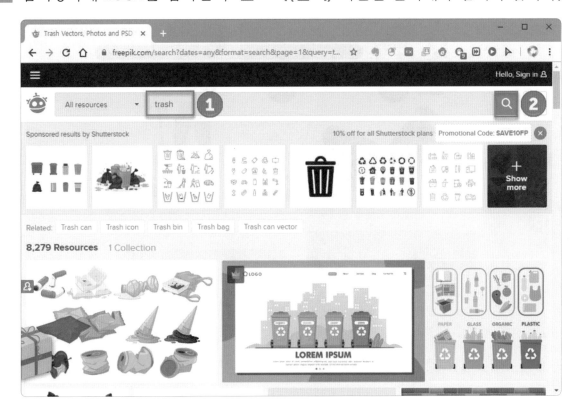

03 All Resource 버튼을 클릭해서 **Free**를 체크한 후 돋보기(검색)을 클릭합니다.

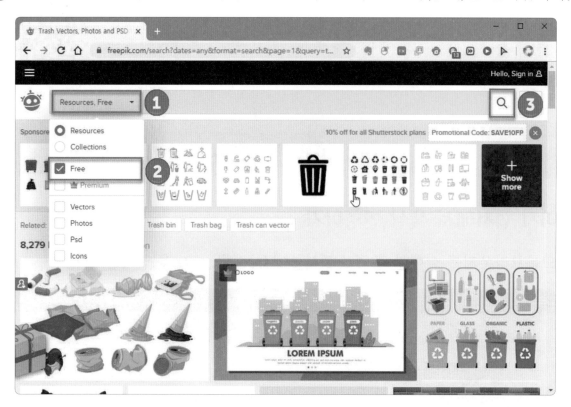

04 아래의 이미지를 찾아서 클릭합니다.

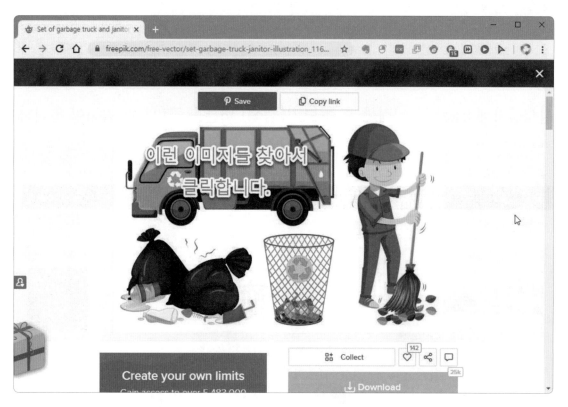

05 윈도우키 + Shift + S 를 눌러서 아래와 같은 영역을 드래그해서 캡처합니다.(윈도우10은 캡처와 동시에 복사가 됩니다)

06 앞에서 저장했던 금수강산.pptx를 불러온 후 **홈 – 붙여넣기**를 클릭합니다.

07 붙여넣기한 이미지의 배경을 제거하기 위해 **서식 – 배경 제거**를 차례대로 클릭합니다.

08 배경을 제거할 영역 조정하기 위해 조절점을 이미지 크기와 동일하게 넓혀줍니다.

09 **보관할 영역 표시**를 클릭한 후 얼굴이나 팔등을 드래그해서 제거할 영역에서 제외 시킵니다.

10 제외될 영역은 마젠타색으로 표시가 되므로 마젠타색으로 되어 있는 곳을 드래그하 면 보관될 영역이 됩니다.

11 배경을 제거할 영역이 제대로 지정되었으면 **변경 내용 유지** 버튼을 클릭합니다.

12 조정 그룹의 **색 – 흑백75%**를 클릭해서 이미지를 검정색으로 변경하도록 합니다.

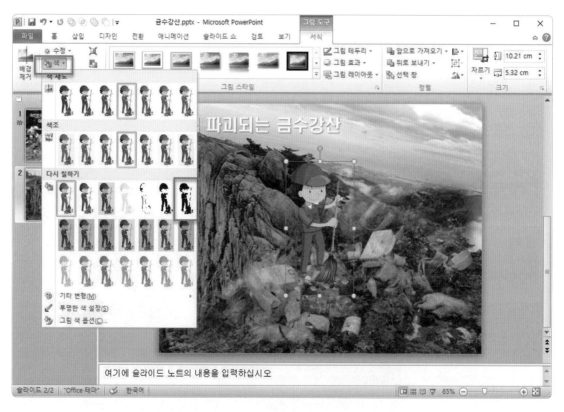

🖱 이미지로 차트작업 만들기

01 크기 그룹에서 **자르기**를 선택한 후 불필요한 영역을 드래그해서 cutting 작업 후 빈
곳을 클릭해서 자르기를 끝내줍니다.

02 이미지에 Ctrl + Shift + 드래그해서 4개가 되도록 복사를 합니다.

03 이미지의 크기가 각각 다르게 너비와 높이를 아래와 같이 조정합니다.

04 텍스트상자를 이용해 아래와 같이 크기 20, 굵게, 그림자, 글자색은 흰색으로 10%를 입력해서 텍스트 상자를 복사합니다.

05 아래의 내용대로 수정하고 지역도 복사해서 변경해 줍니다.

06 배경 이미지가 진해서 글자가 잘 안보이므로 **도형 – 사각형**을 선택한 후 아래와 같이 그래프로 사용할 이미지를 덮어줍니다.

07 정렬 – 맨 뒤로 보내기를 클릭하면 오른쪽 하단에 추가된 이미지 뒤로 들어가게 됩니다.

08 쓰레기 이미지 앞으로 사각형을 가져오기 위해 **정렬 – 앞으로 가져오기**를 클릭합니다.

09 직사각형의 색과 투명도를 변경하기 위해 마우스 오른쪽 단추를 클릭한 후 **도형 서식**을 클릭합니다.

10 채우기 색을 **흰색**, 투명도를 70%로 정한 후 닫기를 클릭합니다.

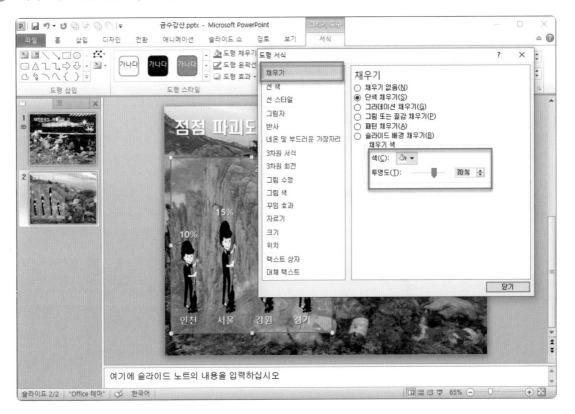

11 도형 스타일 그룹에서 **도형 윤곽선 – 윤곽선 없음**을 차례대로 클릭합니다.

12 서식 – 도형편집 – 도형모양 변경 – 대각선 방향의 모서리가 둥근사각형을 선택해서 도형을 변경한 후 저장을 합니다.

🖱 그래프 만들기

01 인천, 서울, 강원, 경기를 Shift 키로 선택한 후 위로 이동시켜줍니다. **도형 – 타원**을 선택한 후 Shift 를 눌러서 정원을 그려줍니다.

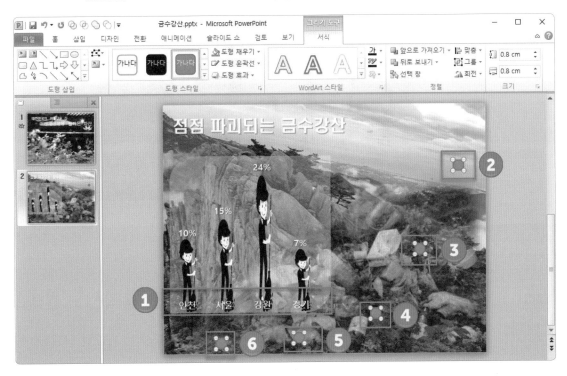

02 직선을 선택한 후 그려놓은 원에 마우스를 올려놓습니다.

03 다음 타원 도형으로 드래그를 해서 선을 연결하면 아래와 같이 만들어집니다.

04 ⌜Shift⌟ + 클릭으로 방금 그렸던 선을 4개 선택한 후 **도형 윤곽선 – 흰색**을 선택
합니다.

05 다시 **도형 윤곽선 – 두께 – 4 1/2pt**를 선택해서 두께를 조절합니다.

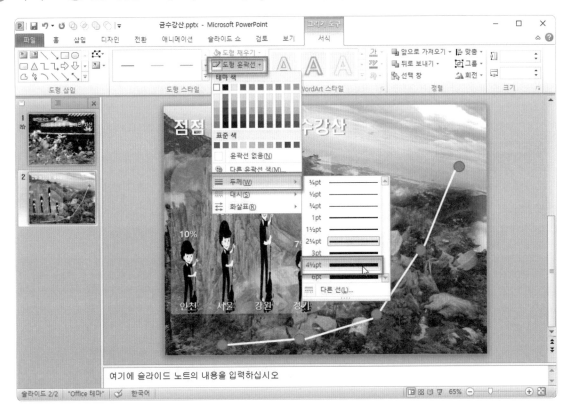

06 다시 **도형 윤곽선 – 대시 – 둥근 점선**을 선택해서 선 모양을 변경해 줍니다.

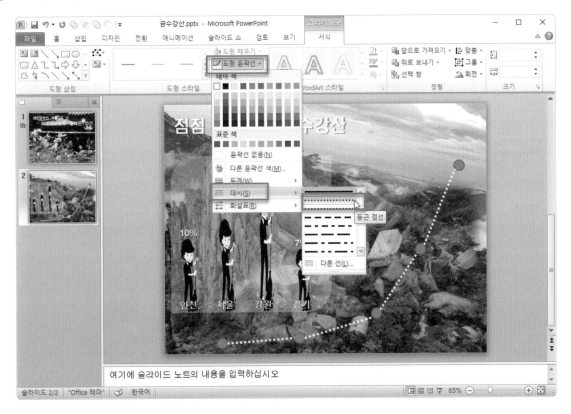

07 오른쪽 상단의 타원을 선택한 후 도형 스타일의 **자세히** 버튼을 클릭한 후 **강한 효과 빨강, 강조2**를 선택합니다.

08 다른 타원들도 아래와 같은 도형 스타일을 적용시킵니다.

09 아래와 같이 텍스트상자를 이용해서 **패트병 45%**를 만들어줍니다.

10 글자색을 흰색으로 변경한 후 각 항목명을 아래와 같은 위치에 Ctrl + 드래그를 해서 복사를 합니다.

11 과일껍질25%, 캔종류15%, 종이류10%, 기타5%로 텍스트 상자의 내용을 수정합니다.

12 **도형 – 직사각형**을 선택한 후 아래의 위치에 드래그해서 그려줍니다.

13 서식에서 **도형 스타일 - 강한 효과, 검정 어둡게**로 정합니다.

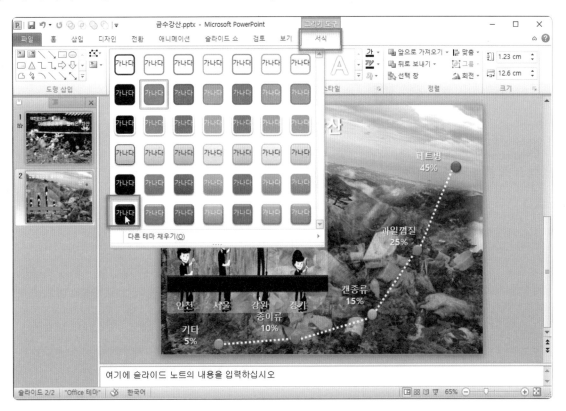

14 인천, 서울, 강원, 경기를 Shift 키를 눌러서 선택한 후 Ctrl + G 를 눌러 그룹으로 묶어줍니다.

15 그룹으로 묶인 텍스트상자를 검정 사각형으로 이동한 후 상단의 **앞으로 가져오기**에서 **맨 앞으로 가져오기**를 선택합니다.

16 아래처럼 **사람 이미지**를 선택한 후 **색**을 클릭해서 4개가 모두 다른 색으로 변경합니다.

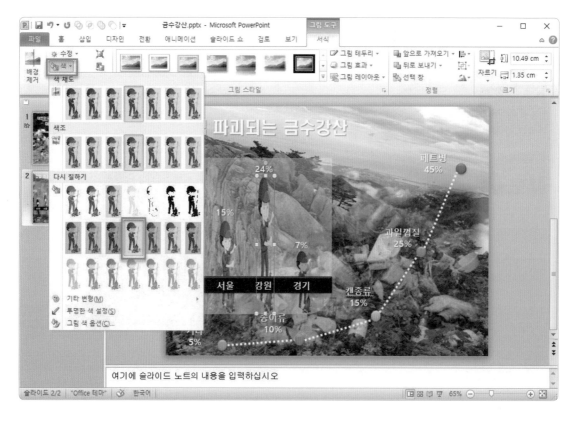

🖱 그룹 애니메이션

01 **금수강산.pptx** 파일을 불러온 후 **2번 슬라이드**를 선택합니다.

02 **보기 – 슬라이드 마스터**를 클릭후 **슬라이드 마스터**를 선택한 후 배경 그림에 마우스 오른쪽 단추를 눌러서 **배경 서식**을 선택합니다.

03 투명도를 **40%**로 조정한 후 **닫기**를 눌러서 배경 서식 대화상자를 끝낸 후 **마스터 보기 닫기**를 클릭합니다.

04 대각선 방향의 모서리가 **둥근사각형**에 마우스 오른쪽 단추를 클릭해서 **도형 서식**을 선택합니다.

05 채우기 색을 **검정색**, 투명도는 **70%**로 설정한 후 **닫기**를 클릭합니다.

06 10%와 이미지, 15%와 이미지, 24%와 그룹, 7%와 이미지를 각기 Ctrl + G 를 눌러서 그룹으로 만들어줍니다.

애니메이션과 미디어 만들기

07 4개의 그룹을 다시 모두 선택해서 한 개의 그룹으로 만들어줍니다.

08 4개의 그룹으로 묶인 것을 선택된 상태에서 **애니메이션 – 올라오기**를 선택합니다.

09 타이밍 그룹의 시작을 **이전 효과와 함께**로 변경합니다.

10 타원을 선택한 후 애니메이션의 **나타내기**를 선택한 후 타이밍에서 시작을 **이전 효과 다음에**를 선택합니다.

11 선을 선택한 후 애니메이션을 **나타내기**로 타이밍의 시작을 **이전 효과 다음**에로 선택하고 재생시간은 **1초**로 변경합니다.

12 위에서 애니메이션 작업을 했던 순서대로 마지막 타원까지 작업을 동일하게 진행합니다.

13 텍스트 5개를 모두 선택 후 애니메이션에서 **올라오기**를 선택합니다.

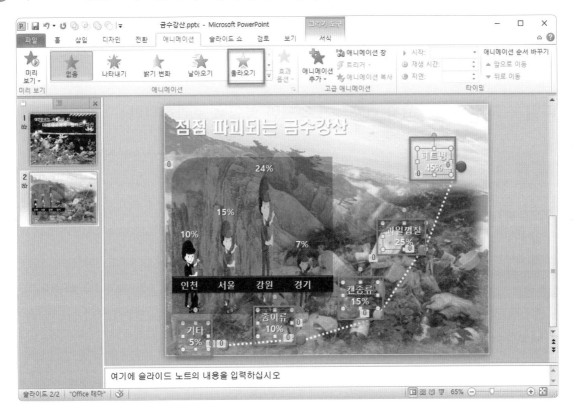

14 타이밍에서 시작을 **이전 효과 다음**에, 재생시간은 **0.25초**로 설정한 후 Shift + F5 를 눌러서 현재 슬라이드만 슬라이드 쇼를 진행합니다.

애니메이션 비디오 만들기

🖱 비디오 파일로 저장하기

01 파일 – 저장을 클릭해서 현재까지 작업한 파일을 보관합니다.

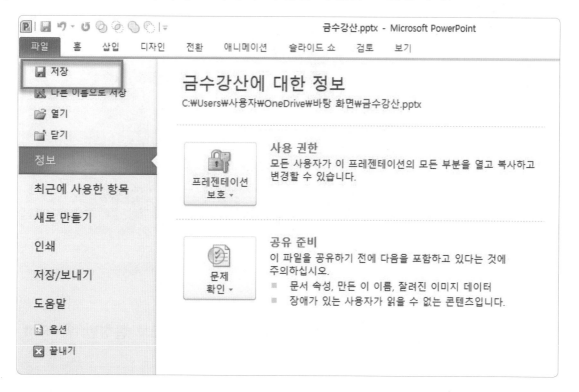

02 파일 – 저장/보내기 – 비디오 만들기를 차례대로 클릭합니다.

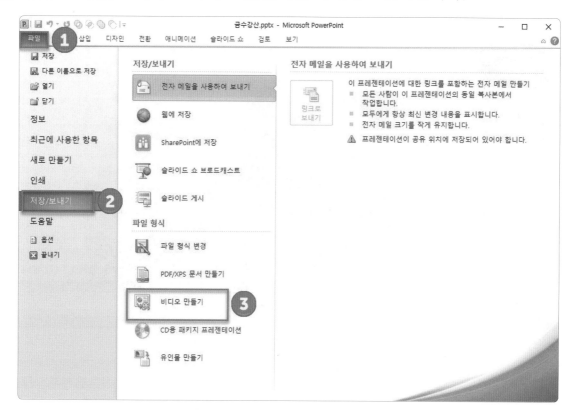

03 컴퓨터 및 HD 디스플레이를 클릭해서 웹에 올리기 위한 **인터넷 및 DVD**를 선택합니다.

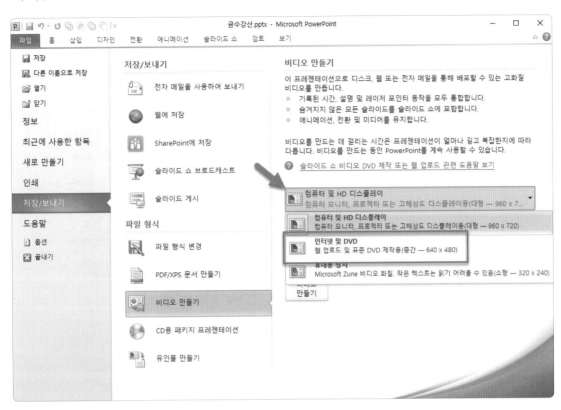

04 비디오 만들기 버튼을 클릭합니다.

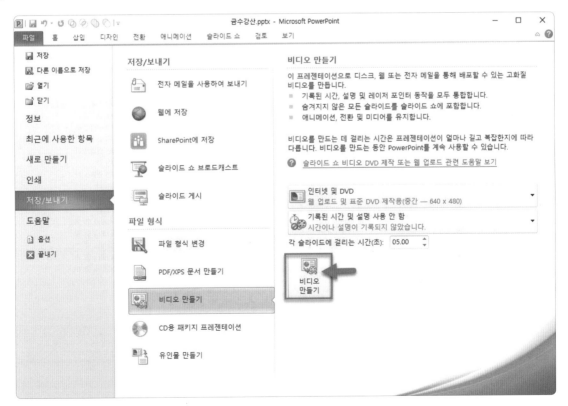

05 **동영상** 폴더를 선택한 후 파일 이름을 변경하고자 하면 입력한 후 **저장**을 클릭합니다.

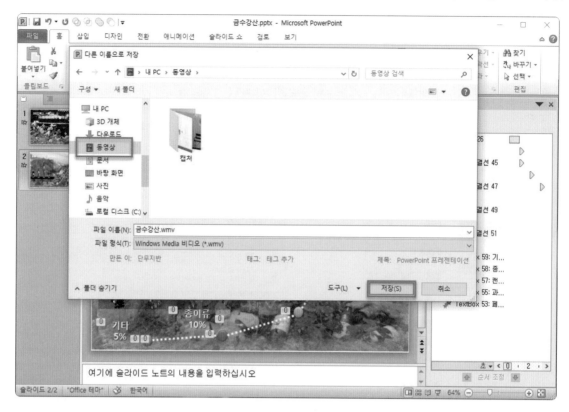

06 화면 하단에 렌더링 작업이 진행중인 것을 확인할 수 있습니다.

07 탐색기를 실행한 후 **동영상** 폴더에서 저장한 파일을 찾아 더블클릭해서 재생해봅니다.

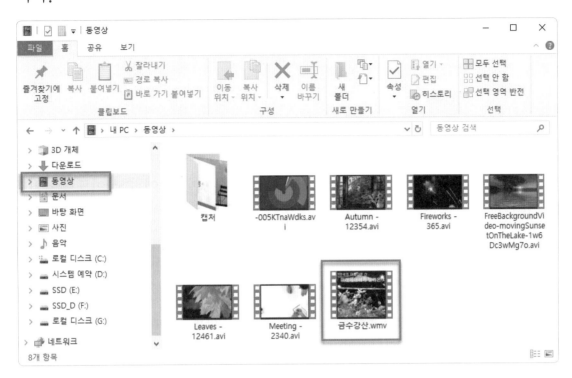

08 파워포인트로 작업한 후 파워포인트 프로그램이 설치가 되어 있지 않을 경우 비디오 파일로 만들어서 보여줄 수 있게 되며 또한 파워포인트 원본을 제공하고 싶지 않을 때도 사용하기도 하고 블로그나 카페에 게시할 용도로 만들 때 사용되기도 합니다.

파워포인트로 만들어진 제작물을 공유하는 사이트로 유명한 곳이 슬라이드쉐어인데 애니메이션은 모두 사라지게 됩니다.

🖱 링크드인 회원가입하기

01 크롬브라우저를 이용하여 **슬라이드쉐어(www.slideshare.net) 사이트를 열어준 후 회원가입이 위해** Signup을 클릭합니다.

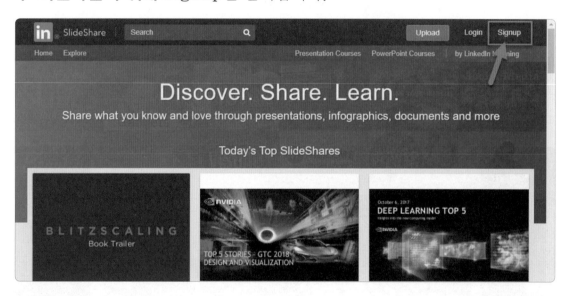

02 Join LinkedIn 버튼을 클릭해서 링크드인에 회원가입을 합니다.

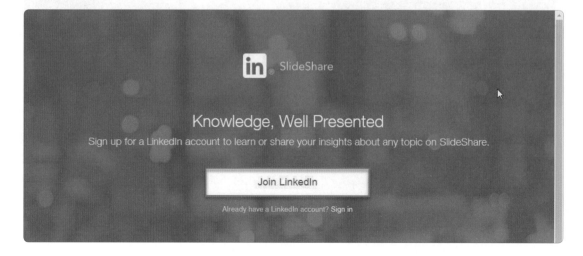

03 아래와 같이 이름, 성, 이메일, 비밀번호를 입력한 후 **Agree & Join** 버튼을 클릭합니다. 가급적 이메일은 스마트폰에서 사용하는 Gmail을 이용하는 것이 확인하기 편합니다.

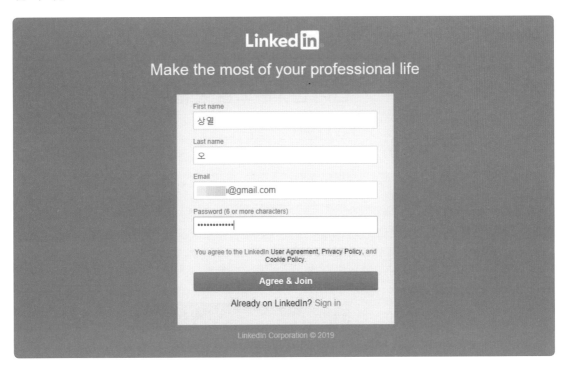

04 위에서 입력한 이메일로 보내온 인증코드 6자리를 입력한 후 **Next**버튼을 클릭합니다.

05 크롬브라우저를 사용하기 때문에 바탕화면에 마우스 오른쪽 단추를 눌러서 한국어로 변환한 후 작업을 진행하도록 합니다. 직책, 회사, 산업을 입력하는데 사실적으로 입력할 필요는 없습니다. **계속하다**를 클릭합니다.

Linked in

프로필은 올바른 사람과 기회를 발견하는 데 도움이됩니다

가장 최근 직책 *

사원

가장 최근 회사 *

개인

산업 *

자동차 ▼

LinkedIn에 동일한 산업에 원이 있습니다.

나는 학생입니다

계속하다

06 이메일로 발송되어 왔던 인증번호 6자리를 다시 입력한 후 **동의 및 확인** 버튼을 클릭합니다.

Linked in

이메일을 확인합시다

obujaya@gmail.com으로 보낸 코드를 입력하십시오.

304294

귀하의 개인 정보는 중요합니다
우리는 회원 업데이트, 채용 메시지, 채용 제안, 초대장, 알림 및 홍보 메시지를 당사와 파트너로부터 보낼 수 있습니다. 언제든지 환경 설정을 변경할 수 있습니다.

동의 및 확인

코드를받지 못했습니까? 다시 보내기

07 이메일 연락처를 추가하기 싫으면 건너 뛰기를 클릭합니다. 건너뛰기를 하지 않을 경우 메일에 등록된 명단의 링크드인 사용자가 친구로 자동으로 등록이 되게됩니다.

08 한번 더 링크드인에서 확인하는 메시지를 보냈습니다. 건너 뛰기를 한번 더 클릭합니다. 이 화면은 나오지 않을 수도 있습니다.

09 주소표시줄에 slideshare.net을 입력한 후 Enter 를 눌러서 다시 슬라이드쉐어 사이트로 갑니다.

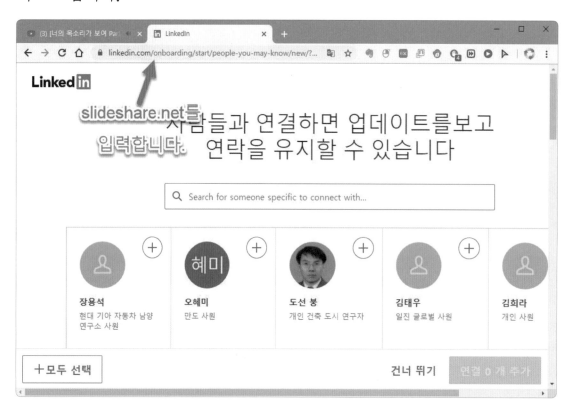

10 회원가입이 되었으므로 Login 버튼을 클릭하면 링크드인과 연결이 되어 있기 때문에 로그인 작업이 끝나게 됩니다.

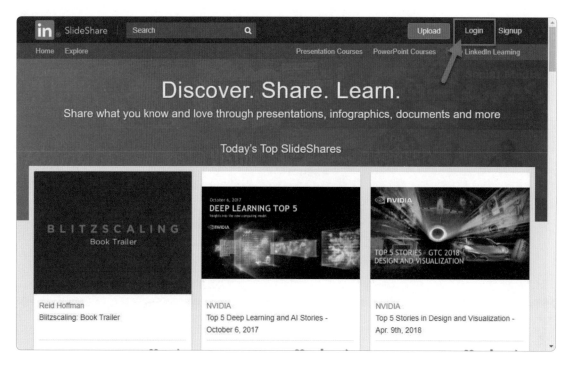

프리젠테이션 파일 업로드

01 화면 상단의 Login 버튼을 클릭합니다.

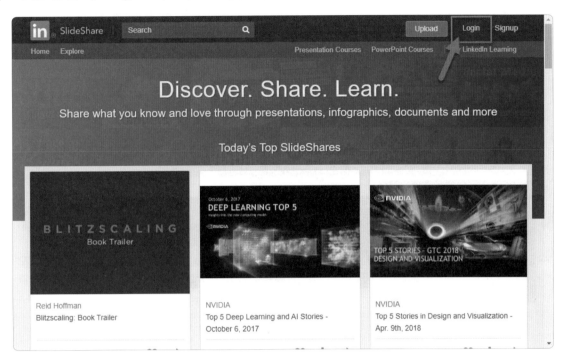

02 링크드인 회원이라면 Login with LinkedIn 버튼을 클릭해서 로그인을 시도합니다.

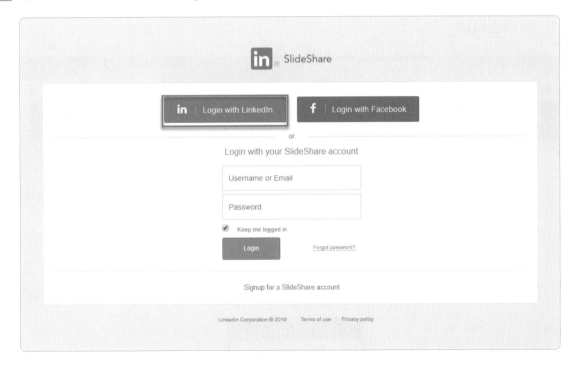

03 파워포인트 파일을 업로드 하기 위해서 **Upload** 버튼을 클릭합니다.

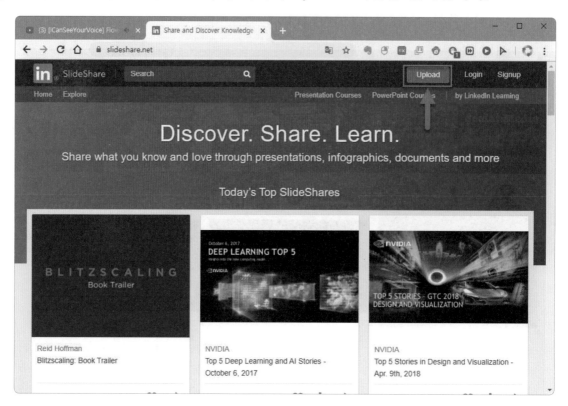

04 **Select files to upload** 버튼을 클릭하거나 탐색기에서 파일을 드래그해서 업로드 할 수 있습니다.

05 파워포인트 파일을 선택한 후 **열기**를 클릭해서 업로드하는데 다음 화면과 같이 에러가 발생할 것입니다.

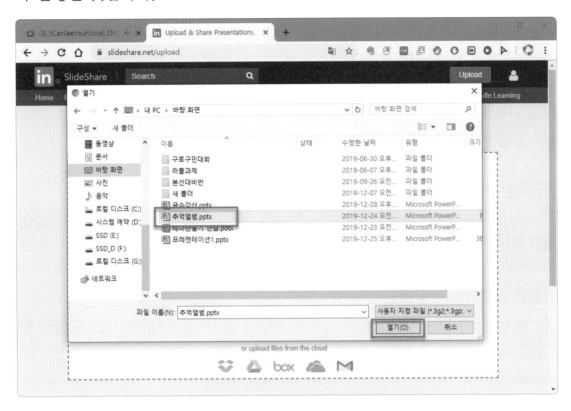

06 아래와 같이 에러가 발생하는데 가장 큰 이유는 파일이름이 한글이기 때문입니다. 닫기 버튼을 클릭한 후 **파일의 이름을 영어로 수정**한 후 다시 업로드를 시도해보세요.

■ 업로드할 때 에러가 발생하는 이유

"Oops, something went wrong. Upload failed"
에러 메시지를 내면서 업로드에 실패했다며 파일이 올라가지 않는데 가장 기본적인 해결
방법은 아래 사항을 체크해 보세요.

① 파일 이름에 한글이 들어 있는 경우
한글이 포함된 파일은 업로드되지 않는 문제가 있기 때문입니다.

② 올리려는 파일이 PPT인 경우
확장자가 PPT, PPTX인 파일을 올리려고 했는데 에러가 발생한다면 PDF로 변환하여 시
도해봅니다.

③ 파일을 암호화하지 않았는지 확인
파일이 암호화되어 있는 것도 업로드 실패의 원인이 될 수 있기 때문에 업로드하기 전에
파일 암호화를 제거한 후 업로드합니다.

07 타이틀과 설명을 입력하고 카테고리와 프라이버시를 정한 후 Tags를 검색이 빠르게
되도록 입력한 후 **Publish** 버튼을 클릭합니다.

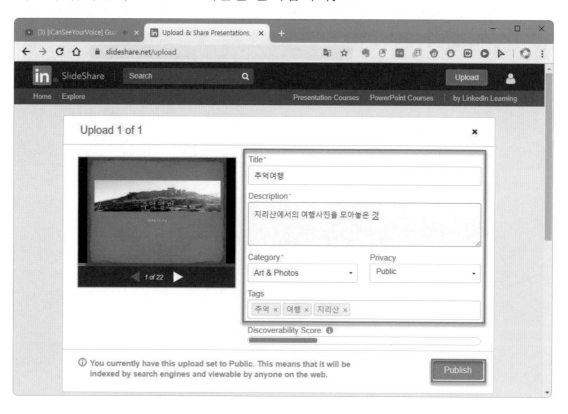

08 업로드가 끝나면 슬라이드 아래에 슬라이드번호가 표시되고 왼쪽/오른쪽 삼각형 버튼을 눌러 슬라이드를 전환할 수 있습니다.

업로드한 파일 수정하기

01 슬라이드 아래에 Edit 버튼을 클릭하면 업로드했던 입력사항을 수정할 수 있습니다.

02 언어와 카테고리와 저작권에 관한 것을 변경한 후 **Update**를 클릭합니다.

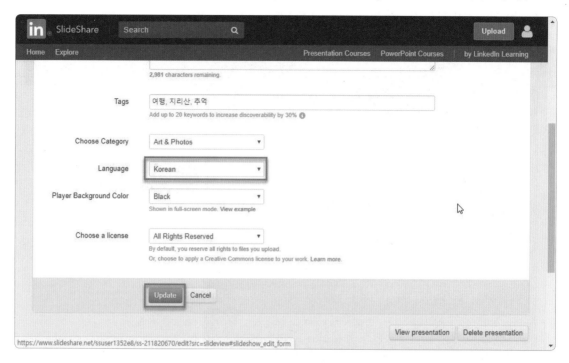

03 Privacy Setting를 누르면 아래와 같이 보이는데 Private를 선택하면 상세하게 설정을 할 수 있습니다. 공개할 것인지 공유할 것인지를 정할 수 있는 곳인데 가급적 Public을 사용하시기 바랍니다.

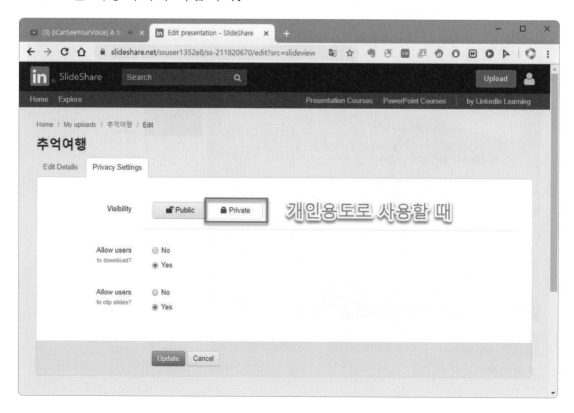

🖱 메일로 보내기

01 슬라이드쉐어 오른쪽 상단의 **계정** 버튼을 클릭합니다.

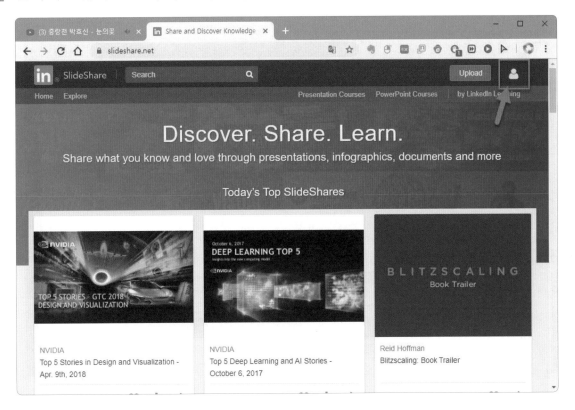

02 슬라이드의 왼쪽 아래에 **공유** 버튼이 표시되는데 클릭합니다.

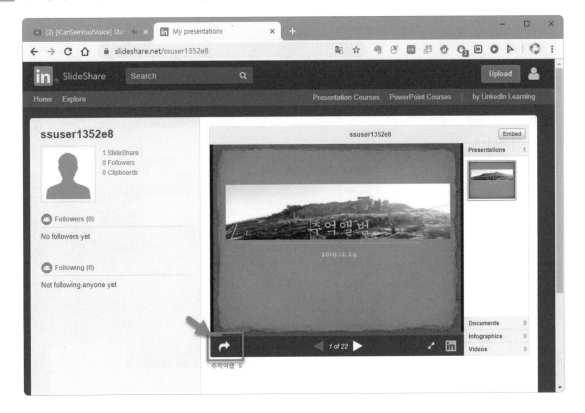

03 Embed의 소스는 html 태그가 적용되는 곳에 사용할 수 있으며 Link의 소스는 메일, 인스타그램, 페이스북, 트위터, 카톡, 카카오스토리 등에 공유할 수 있는 URL입니다.

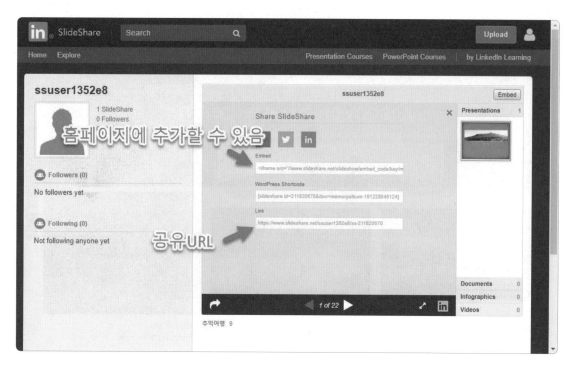

04 슬라이드쉐어를 끝내기 전에 **로그아웃**을 반드시 해주는 것이 크롬브라우저를 사용하는 올바른 사용방법입니다.

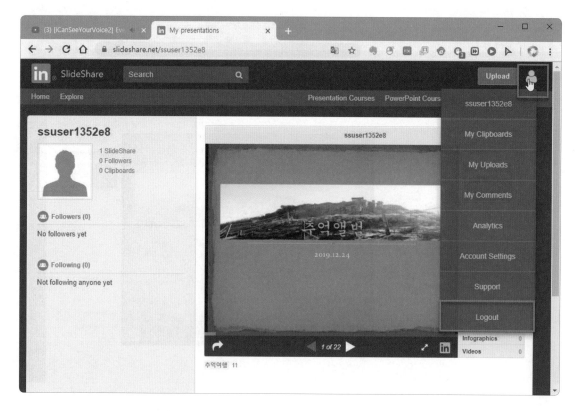

01 파워포인트를 실행한 후 추억앨범.pptx(memory_album.pptx)를 불러온 후 **파일 – 다른 이름으로 저장하기**를 클릭합니다.

02 파일형식의 목록버튼을 클릭한 후 **JPEG파일 교환형식(*.jpg)**를 선택합니다.

03 새 폴더를 클릭해서 **추억앨범_이미지**를 입력한 후 Enter 를 2번 눌러줍니다.

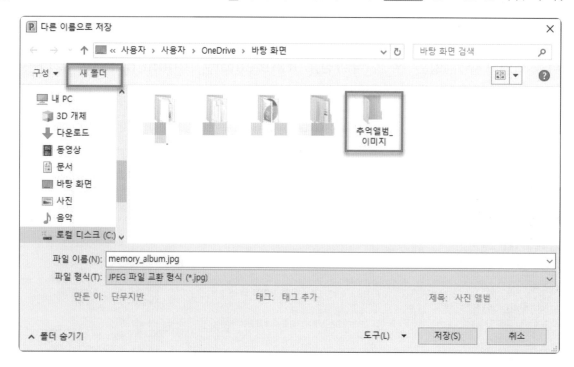

04 저장 버튼을 클릭합니다.

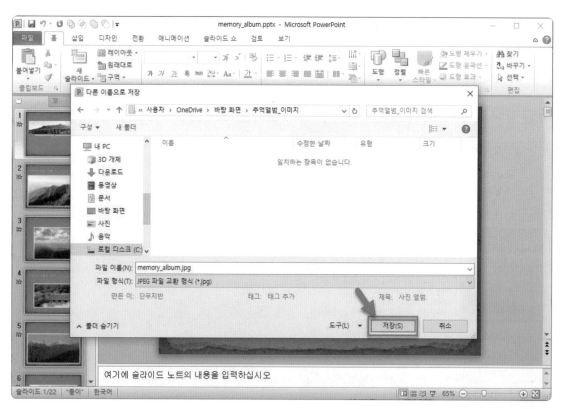

05 모든 슬라이드를 보낼 것인지 현재 슬라이드만 내보낼 것인지 묻는 대화상자가 나오면 **모든 슬라이드**를 클릭합니다.

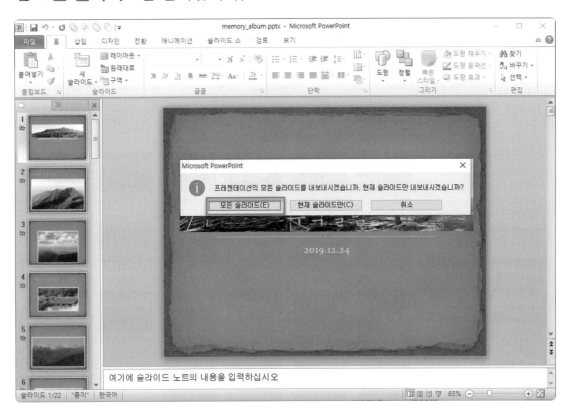

06 별개의 파일로 저장되었다는 대화상자가 나오면 **확인**을 클릭합니다.

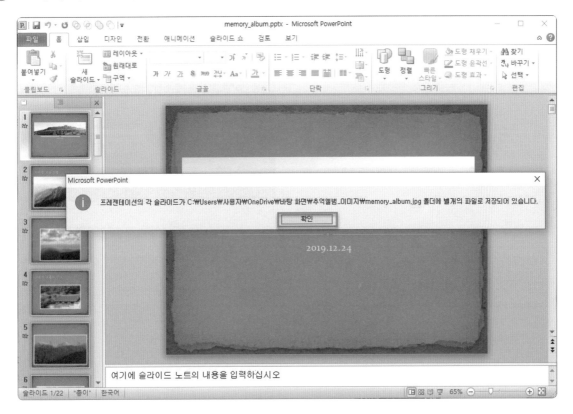

07 탐색기에서 바탕화면에 작업했던 폴더를 들어가면 아래와 같이 슬라이드가 JPG파일로 저장되었습니다.

■ 슬라이드를 이미지로 저장하게 되면 프레지나 마인드맵, 동영상 편집에 사용할 수 있으며 슬라이드쉐어와 마찬가지로 이미지로 저장되므로 애니메이션은 작동되지 않습니다.

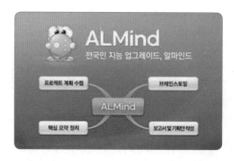